跟老顽童学写作

巧用智慧做文章

黄莺 郑骏姮 何捷 著

3-6年级
无压力
阅读

 海峡出版发行集团 | 海峡文艺出版社

图书在版编目(CIP)数据

跟老顽童学写作:巧用智慧做文章/黄莺,郑骏姮,何捷著. —福州:海峡文艺出版社,2020.11
ISBN 978-7-5550-2456-9

Ⅰ.①跟… Ⅱ.①黄…②郑…③何… Ⅲ.①作文课－小学－教学参考资料 Ⅳ.①G624.243

中国版本图书馆 CIP 数据核字(2020)第 204293 号

跟老顽童学写作:巧用智慧做文章

黄莺 郑骏姮 何捷 著

出 版 人	林玉平	
责任编辑	林可莘	
出版发行	海峡文艺出版社	
经 销	福建新华发行(集团)有限责任公司	
社 址	福州市东水路 76 号 14 层	邮编 350001
发 行 部	0591－87536797	
印 刷	中闻集团福州印务有限公司	邮编 350001
厂 址	福州市鼓楼区鼓屏路 33 号	
开 本	700 毫米×1000 毫米 1/16	
字 数	144 千字	
印 张	12.5	
版 次	2020 年 11 月第 1 版	
印 次	2020 年 11 月第 1 次印刷	
书 号	ISBN 978-7-5550-2456-9	
定 价	29.80 元	

如发现印装质量问题,请寄承印厂调换

目录

第一课　享受写作　找到快乐　001

第二课　积沙成塔　勤于积累　006

第三课　采花成蜜　左右逢源　012

第四课　处处留心　皆有学问　018

第五课　意在笔先　立意明确　025

第六课　中心立意　正确集中　031

第七课　如影随形　海纳百川　037

第八课　取舍材料　善于搭配　044

第九课　话题作文　化虚为实　050

第十课　结构之美　完整紧凑　057

第十一课　起如爆竹　先声夺人　064

第十二课　收如撞钟　余音绵长　071

第十三课　巧设悬念　制造波澜　077

第十四课　合理分段　秀出身材　083

第十五课	上挂下连 巧妙照应	089
第十六课	提纲挈领 纲举目张	096
第十七课	文章节奏 快慢有序	103
第十八课	改变顺序 破流水账	109
第十九课	人物描写 立起精神	116
第二十课	五官演戏 描绘表情	123
第二十一课	言为心声 语言描写	129
第二十二课	内外兼修 心理描写	136
第二十三课	一箭双雕 一语双关	143
第二十四课	使用夸张 语出惊人	149
第二十五课	巧用比喻 生动形象	155
第二十六课	两相对比 鲜明突出	161
第二十七课	借来慧眼 审清题目	168
第二十八课	画龙点睛 巧取题目	174
第二十九课	发挥想象 续写故事	181
第三十课	修改习作 不厌百遍	187

第一课 享受写作 找到快乐

 老顽童的故事：得到什么

老顽童带着宠物绿鬣蜥出去散步。一路上他想着自己手上正要完稿的《老顽童与绿鬣蜥》，完全不记得自己手里还抱着宠物。等老顽童想起来的时候，绿鬣蜥早已没了踪影。

这可怎么办才好呢？只见老顽童不慌不忙地走到集市上。

"我的绿鬣蜥丢了。谁能帮我找回来，我就把绿鬣蜥送给他，作为报答。"老顽童在集市上大声说。

"什么？"人们对此感到迷惑不解。他们问："老顽童，你把找到的绿鬣蜥送给别人，你会得到什么呢？"

老顽童笑着回答："我得到的就是——找到它的快乐呀！"

同学们，看到了吗？老顽童要的就是"找到绿鬣蜥"的这份快乐。写作文时，我们体验的也是一份快感！

一、写作前，快感来自于对生活的热爱

生活就是我们写作的素材库。如果我们用心度过每一天，当然不会发愁"无话可写"。同学们想想看：生活中，遇到的那么多的事件，多么生动活泼，可以写；生活中，看到的那么多美景，那样的丰富多彩，可以写；生活中，自己产生的感受，无比细腻，也值得书写……所以有句话说："只要你活着，就有写不完的话。"

故事中的老顽童，有空就到集市上走走，就是在体验生活啊。现实中的作家们，有空就到不同的地域去采风，也是在感受生活。所以，只要热爱生活，就能够感受到写作的快感。

二、写作时，对过程的迷恋也带来快感

很多同学非常在意作文写出来的结果：好不好？美不美？立意高不高？能不能得到老师的喜欢……其实，大可不必如此在意。

写作，最重要的快感就体现在整个写的过程，那样的美妙，那样的神奇。想一想，从一个字连着一个字、一个词连着一个词、一句话连着一句话，有顺序地倾吐出来、组合起来、表达出来，把自己心中的想法，转化为文字，让别人看得清清楚楚。即便有误差，也值得和别人讨论、交流，这个过程就是一种享受。

享受写作的过程，你就获得写作的快感。如同故事中的老顽童，"绿鬣蜥"不是关键，而"找到绿鬣蜥"这一过程才是最让人欢喜的地方。这就是过程之美。

三、写作后，分享也带来一份快感

当你写完作文和同伴交流，和老师一起评价赏读，大家因为作文而聚到了一起，作文成了联系快乐的纽带。瞧，这不也是一种快乐吗？因此，写作从头到尾，无一处不让你体验到快感。你还不参与到写作中来吗？

有智慧的作文

观察蜘蛛

谢欣瑶

大自然是一位好老师，带给人类许多有益的启示。语文课上，老师要求我们交流人类从大自然中获得的启示，于是这段时间我就仔细观察了楼下的蜘蛛。

我家楼下有一棵大树，树上有许多长长的细丝，要是不去认真观察是发现不了的。那细丝是从哪里来的？它是谁的家园？通过观察，我发现这细丝是丑丑的、黑乎乎的蜘蛛的家。我很好奇：为什么小昆虫飞到蜘蛛网上都会被粘住？

为了得到答案，我每天都到楼下仔细观察。小昆虫一旦粘到网上，无论怎么挣扎也逃脱不了，最后成了蜘蛛的口中餐。我心里又冒出了新的问号：为什么昆虫会被粘在蛛网上，而蜘蛛自己就不会呢？

带着疑惑，我查阅了科普书，终于知道了答案。原来蜘蛛能分泌一种油性物质，并将它涂抹到身上，尤其是脚上，这种油性物质使得蜘蛛不会被蛛网粘住。

放学后我又去看那个蛛网。一只苍蝇扇动着翅膀飞过来，马上就被粘在了蛛网上，苍蝇一直在挣扎，它动蛛网也会跟着动，但是无论它怎么动都没办法从蛛网上逃脱。又过了几天，我去蛛网边看，苍蝇就只剩下干巴巴的外壳了，这又是为什么呢？

原来，蜘蛛是把食物肉体中的"水"吸干后再等外壳腐化。蜘蛛可真厉害啊！它不用像别的昆虫一样到处捕食，只要一边在"皇宫"中休息，一边吃着美食，就能等着下一个食物自动送上门来。蜘蛛靠自己的智慧换来了安逸的生活。

在我们的周围、在大自然中，充满了这样看上去普通，其实很神奇的事物，只要我们细心地观察，就会发现更多的秘密。

老顽童来评点

同学们，观察源于生活。作文，就是把自己的观察与思考写下来。我们的观察与思考，是来自对生活的热爱。这篇《观察蜘蛛》就很符合这一点。小作者写出了自己出于好奇而提出的问题，对蛛丝的特性产生疑问，而后又通过查阅资料等方式去求证，最后得出结论，前因后果交代得相当清楚。探索知识的过程也是快乐的体验，相信你已经感受到作者观察蜘蛛时的快乐。

 老顽童的小练笔

生活中的一切快乐，都值得被记录下来。写作的过程也应该让你有愉快的体验。同学们，让我们一起动笔写下最近让你感到快乐的一件事吧！

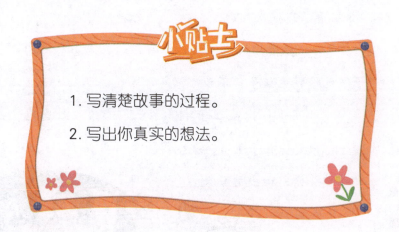

小贴士

1. 写清楚故事的过程。

2. 写出你真实的想法。

第二课　积沙成塔 勤于积累

 老顽童的故事：肚子里没有

老顽童这几天就要进考场考试了。他天天坐在家里发愁，吃不下，喝不下，一天比一天消瘦。

太太问他："你为什么发愁啊？"

"唉，进考场，要写文章啦！"

"哟，原来你写文章这么难哪！"太太不解地问，"看样子，就跟我生孩子差不多吧？"

"哪里啊！比生孩子难多了。"老顽童着急地说，"生孩子，只要你肚子里有，就生得出来！我肚子里什么也没有，可叫我如何写得出文章来呢？"

故事中的智慧

同学们，老顽童说的"肚子里什么也没有"是指没有什么呢？对啦，没有材料！

可是写作的时候，有的同学就像老顽童一样，挠破了头也想不出要写什么，或者好不容易写出一篇作文，却被老师批上"言之无物"，要求重写。材料从哪里来呢？

一、材料从观察体验中来

在我们的身边有许多丰富的材料，只是有的同学缺乏一双观察发现的眼睛。我们在生活中要做个有心人，要有意识、有目的地观察和了解身边的人、事、物。不但如此，我们还应该积极参与其中，通过亲身经历来加深感受和理解。要让自己参加各种有意义的活动：和家人一起远足旅行、观看电影戏剧，和同学一起参观访问博物馆、参加兴趣活动……关于观察体验生活获得素材还有一个有趣的传说：

《水浒传》的作者施耐庵为了写虎，经常到猎户家中去，了解关于老虎的习性、动作、神态，以及猎户和老虎搏斗的详情。

施耐庵还一个人跑到野兽经常出没的深山老林里，爬到大树上，趴在上面一动不动地等待老虎的出现。终于在一个寒冷的冬夜，他听到老虎的一声吼叫，借着月光，他看见一只老虎在上蹿下跳地追捕猎物。他目不转睛地观察着老虎的一举一动。此后，他还跟着猎户到深山老林里去打猎，多次看到猎人与老虎搏斗的情景，以及老虎发狂、

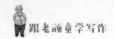
挣扎的场面。

有了这样耐心细致的实地考察，施耐庵才能写出扣人心弦的武松打虎。

二、材料从阅读查找中来

材料不能只来自于直接的生活经验，毕竟一个人的时间是有限的，不可能事事经历，我们还要学会间接地从书本上获取更多的材料。阅读不仅能增长见识、为写作积累材料，而且通过阅读我们还能学习技巧，提高表达能力，开阔视野，让思想受到熏陶和洗礼。杜甫说："读书破万卷，下笔如有神。"讲的就是这个道理。为了写作的阅读和平时消遣性的阅读不一样，我们要学会以下两点。

1. 有目的、有针对地读。要多读古人写的诗词歌赋，多读今人写的优美诗文，多读中外精美的小说，多读报纸杂志上的时文。在读的同时，要多记，记下精彩的段落和句子，记下名言名句。当然，积累绝不仅仅是字词篇章的积累，同时更要注意思想的积累、认识的积累、文化的积累。

2. 有计划、有选择地读。古今中外的书籍浩如烟海，一个人穷尽一生也只能阅读其中的一小部分。所以在阅读时我们可以根据不同的阅读目的、阅读要求以及写作要求，对书籍进行挑选、取舍。同时使用多种阅读方法：跳读、浏览、选读、泛读来加快阅读速度。

三、素材从手脑并用中来

同学们有没有这样的感受：我们常常经历一些很有趣、很难忘的事情，当时感受很深，可是过了一段时间，需要使用这个素材的时候，怎么也想不起当时的细节了。因而要养成一种习惯，即把自己观察到的景物、事情、人物的特点及时记下来，同时还要养成用脑把平时积累的材料进行归类、分析、整理和记忆，思考自己当时的感受。观察如果离开了思考，也就失去了观察的意义。观察不仅要留心，而且还要带着自己的感情去观察，用心去听，用心去看，用心去体悟。

素材积累是个细活，需要慢工。古语道："观千剑而后识器，操百曲而后知音。"相信通过多观察、多实践、多阅读、多动脑，同学们一定能丰富写作素材，使写作成为有本之木、有源之水。

 有智慧的作文

罗雅文

5岁那年，我们一家人游玩青城山，妈妈给我拍了许多照片。下了山，我央求妈妈把照片给我，可妈妈的回答令我失望："我要去洗照片。"

洗照片？什么？还要回到家才能看到照片？我沮丧地想。

咦？洗照片，这么简单的一件事居然还要到专门的店去弄，不就是洗照片嘛，不就是用水清洗照片，难道洗衣店开设了专门洗照片的

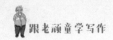

业务？这老板也太会赚钱了吧！

于是，我回到酒店，拿出一个盆、一张照片，下定决心：今天本姑娘就洗给你们看！我撸起袖子，将照片放进去，又接了一些水，倒入一些洗手液，又揉又搓……过了一会，怎么还不变色？看着那张已经被洗软了的照片，我叹了口气，可能是用错东西了。滴几滴眼药水试试？我灵机一动。

我将"失败品"倒掉，将盆子洗干净，又开始做实验了。咦——等等，我隐约记得听大人说洗照片是工作人员在暗房里用药水洗。嗯，对的，药水是用眼药水，暗房……把窗帘和灯关上，就是"暗房"啦！我急忙把窗帘拉上，灯关上，把照片和水放进盆子，再掺几滴眼药水，一切准备就绪，准备开始最神圣的时刻！我又揉又搓……可又过了一会儿，还是不行，我的实验只好以失败告终。

就在我焦头烂额的时候，妈妈来了，她听我说了缘由后笑得前俯后仰。后来妈妈带我查阅了资料，我才知道：洗照片和洗衣服根本不是一码事，洗照片也不是像我这样洗，而是由专业人员在暗房用专门的药水洗……

虽然好奇心让我闹了大笑话。但是，正因为有了好奇心，科技才会日新月异；正因为有了好奇心，人类才会去探索、去发现、去观察这世界，才会去了解世界，去保护世界；正因为有了好奇心，人类才会发明宇宙飞船，发现、证明地球是球体而不是正方体；正因为有了好奇心，人类才会与真理近在咫尺……

老顽童来评点

　　小作者的写作素材从哪儿来？从观察体验中来。正是有了把照片放在水里洗的生活经验，小作者才能言之有物，她笔下的故事才能因为真实而打动我们。小作者从书上所了解到的专业人员洗照片的地点、方式也是她积累的材料。直接材料和间接材料相结合，能使作文内容更丰满，小作者及时对材料的加工整合功不可没。同学们，罗马城不是一天建成的，材料的积累也是一个长期的过程，让我们一起动脑、动手，记录身边的点滴吧！

老顽童的小练笔

　　同学们，你最近喜欢的东西（动物、植物）是什么？它是什么样子的？有什么特点？你为什么喜欢它？你和它之间有什么故事？请你写下来吧！

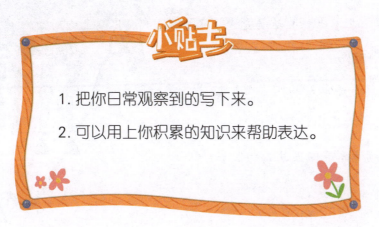

小贴士

1. 把你日常观察到的写下来。
2. 可以用上你积累的知识来帮助表达。

第三课 采花成蜜 左右逢源

 老顽童的故事：骑着马找马

老顽童赶着四匹马在野外放牧。眼看天色将晚，他骑上一匹马准备回家。他数了数身后的马，只有三匹，老顽童吓了一跳："怎么丢了一匹？"

老顽童从马背上跳下来，又数了一遍，正好四匹，不多不少。

"四匹都在，一定是我刚才数错了。"老顽童再次骑上马，往家走去。

走在路上，老顽童觉得不妥，他想："我数了两遍，都不一样，这是怎么回事？我还是再数一遍吧！"他骑在马上又数了起来，还是三匹。老顽童从马身上下来再数，又变成了四匹。

"我还是牵着马回去吧！这样，就一匹也不少了。"

老顽童牵着四匹马走回了家。

 故事中的智慧

同学们，骑在马上的老顽童为什么总是找不到第四匹马呢？哈哈，因为第四匹马就在老顽童身下骑着呀！这真是骑着马找马，灯下黑！我们不是也常犯这样的糊涂吗？习作时，我们常常看着习作要求不知道从何下手，不知道写什么。这呀，都是平时没有留意积累作文素材的缘故。

俗话说："巧妇难为无米之炊。"作文也是如此，手中积累了大量的素材，才有可写的。生活中看到的、听到的、想到的都可以写进文章，这一切都是写作文的素材。只要留心观察生活，就不会肚子空空、没有作文的材料。那么，写作材料该怎样去发现呢？

一、看在眼里

作文材料在哪里？答案简单明确：在我们丰富多彩的日常生活中。要注意观察，把它们"看在眼里"。我们的双眼，就像一架灵敏度极高的摄像机。如果眼大无神，不会运用这架"摄像机"，就不知道写什么。

要提高观察能力，让我们的眼睛变成一架摄像机，把见到的事情一一录下来，经过思考、分析，记在心里。这些就是写作的基本素材。当然，观察绝不仅仅是"用眼看"，还要听一听、闻一闻、摸一摸、尝一尝。

观察还要讲求方法，要从易到难。比如观察自己的铅笔盒，我们

可以从它的形状、颜色、作用等方面观察。观察的方法多种多样，可以从整体到局部全面观察铅笔盒的外形；可以捕捉它的特点观察；可以观察我的笔盒与别人的有什么相同或不同，通过比较进行观察……

二、想在心里

观察时还要用心思考。眼睛不会分析，也记不住事。通过观察得到有用的材料，还得进一步用心思考，要在脑子里想一想。我们每天可以看到不少新鲜事，当时感受很深，我们就应该趁热打铁多问自己几个为什么，并留意自己当时的感受体会。带着自己的感情去观察，用心去听，用心去看，用心去体会，你才能找到属于你自己的独家素材。

三、记在本上

一些有意义的镜头，只靠记在心里是不够的。日子长了，脑子里的东西会变得模糊，会消失。怎么办呢？我们可以准备一本"采蜜集"，把平日观察到的内容，及时地记在本子上，它们就跑不掉了。

比如春游，可以记上一笔：今天，我们一起到香山春游。没有红叶的季节，香山也别有一番韵味。

心理活动，可以记上一笔：数学课上，老师讲解一道难题，说只有我一个人做对了。我高兴得出了一身汗，连衬衣都湿了。

生日礼物，可以记上一笔：我生日那天，舅舅送我一双运动鞋。穿上它，我可以在运动会上跑得更快。

平日里的一些小事情、小细节记录下来，等到写作文的时候展开来写一写就是一篇文章。

有一双"亮眼睛"的同学会带着一颗心去仔细观察生活，看一看、想一想、记一记，我们就不愁习作时无话可说了。那时，我们就可以"采得百花酿成蜜"，享受写作时左右逢源的快乐了。

 有智慧的作文

周晗祺

我有一个好朋友，名叫陈展鸿，虽然他的学习不咋样，但和我玩得非常好。他是一个很有趣的人，经常用自己的搞怪行为逗得我们哈哈大笑，可有意思了。有一次，他为了让大家开心，甚至变成了一个"娘娘腔"。

那一天，我和姐姐在院子里不亦乐乎地比赛骑车，在四楼的陈展鸿看得心痒痒的，也想加入我们的比赛。于是，他就抓着不知从何处取来的白色手帕，像一位来自天宫的白胖宫女一般，从楼上奔下来，看上去飘飘然的样子。他一边走，一边挥动着手上的白色手帕，踮起足尖，跳起了胖天鹅舞，他眨了几下眼睛，声音比平常提高了十几倍，变得又尖又细，翘起兰花指，说："我来了！我来了！"

　　一见这种情况，吓得我们连忙逃走了。回头时，隐隐约约看见他屁股一扭一扭，手中仍然挥动着白色手帕，做了个极为滑稽的动作，尖着嗓子喊："讨厌！你们都不等等我！"我听了顿时感觉一阵肉麻，跑得更快了。只见他迈着小碎步，屁股一扭一扭地跑过来，样子更加可笑。

　　"等——等——我！"撒娇般的声音在我的耳边回响。听着听着，我忍不住问姐姐："展鸿到底是男的还是女的啊？"姐姐笑嘻嘻地回答："外表是男的，内心是女的！"我哈哈大笑起来。

　　陈展鸿的"娘娘腔"在我心里留下了深刻的印象，每次想起来，都会忍不住笑出声来。但仔细一想，他不就是用这样的方式把开心传播给身边的朋友吗？有这样的朋友，让我的童年平添了一份快乐。

老顽童来评点

　　同学们，小作者笔下的"娘娘腔"一定让你捧腹大笑吧。为什么小作者能把"娘娘腔"的形象写得如此生动？留心观察生活、积累材料是关键。把日常生活中看到的事记录下来，加上自己的思考，把自己的感受写下来，就可以成为一篇作文了。写作文一点都不难，素材都来源于生活。只要我们多观察、多思考，生活中处处有素材。

老顽童的小练笔

同学们，日常生活中许多小事都能成为我们写作的素材。请你回忆一下同学们最近课间玩的游戏。你可以写写自己玩课间游戏的过程，也可以写你的同学们是怎么玩游戏的。

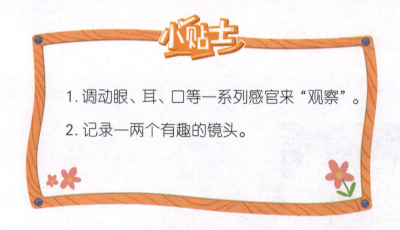

1. 调动眼、耳、口等一系列感官来"观察"。
2. 记录一两个有趣的镜头。

第四课 处处留心 皆有学问

 老顽童的故事：恍然大悟

老顽童还小的时候，大家都叫他小顽童。一天，小顽童在厨房里玩，见妈妈原本乌黑的头发中，竟然有了几缕白发。

小顽童好奇地问："妈妈，您的头发为什么会有一些变白了？"

"唉，"妈妈叹了口气说，"宝贝，你做错事，让我难过时，就会令我的一根头发变白。"

小顽童恍然大悟地嚷

道："我明白了，难怪外婆、外公的头发都变白了，原来是有原因的呀！"

故事中的智慧

同学们，读完这个故事，你是不是被小顽童逗乐了？妈妈乌黑的头发中，只夹杂着几根白发，也被心明眼亮的小顽童看得一清二楚，可见小顽童善于观察。写好作文不能离开观察，让我们继续聊聊观察这个话题吧。

一、养成观察的习惯，获得观察的乐趣

有人说自己写不出文章，很大的原因是缺乏想象力。但如果我们生活得马马虎虎、粗粗糙糙，无论有多强的想象力，怕也是"巧妇难为无米之炊"。观察是获得写作素材的基础，生活中并不缺乏观察的事物、写作的素材，而是缺少一双善于发现的眼睛，我们常常对身边的事物熟视无睹，置若罔闻。

学会持续的细致观察，在生活中养成观察的习惯，不但能丰富我们的素材库，也可以让我们的内心世界更加细腻而充盈。

观察首先来自好奇，因为好奇促使我们仔细打量这个世界，引发出的无数问号，又推动着我们进一步观察探究这个世界。就像《昆虫记》的作者法布尔，他从小喜爱昆虫，甚至将自己的一生都倾注在观察昆虫、记录昆虫之中。为了观察昆虫，法布尔用了 30 年时间，居住在荒石园内养殖昆虫，并终日与昆虫为伴，观察它们的一举一动，研究它们的各种习性，从中获得了极大的快乐。在长期细致观察的基础上，法布尔写就了 10 卷《昆虫记》，成为流传至今仍然被人们

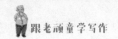

竞相传阅的杰作。就连伟大的科学家达尔文，也称他为"无与伦比的观察家"。在生活中养成观察的习惯，不仅仅能让我们获取知识、认知世界，更重要的是我们能从中感受到发现的欣喜、探索的快乐、揭秘的喜悦。

二、抓住事物的特点，动用多种感官

观察要善于抓取事物的特点，这样写作才可能成功。

有一次，青年作家莫泊桑去请教福楼拜怎样才能写出独特的作品。福楼拜让他先去注视远处一片燃烧的原野，之后问他看到了什么。莫泊桑说："看到了绿色的原野和红色的火焰。"福楼拜不满意，说："世界上没有两只苍蝇、两只手、两个鼻子是完全一样的。"福楼拜还指点道："在描写那些树木和火焰时，要注视它，直到发现那些树木和火焰跟别处的有什么不同为止。"

万事万物各有特点，要描写它们，就必须找出不同点，这样才能写出特色、写得与众不同。

同学们，一说到观察，大家首先想到的是用眼睛看。其实观察不仅仅是用眼睛看，还应调动多种感官，用耳朵听、用鼻子闻、用嘴巴尝、用手去触摸。海伦·凯勒是一位没有听觉和视觉的残疾人，可是最终她却成为一位了不起的作家。正如她在《假如给我三天光明》中写的那样：双目失明、双耳失聪的我，单凭触觉就能感受到数以百计的使我感兴趣的东西。春天，我满怀希望地抚摸着小树的枝条，希望找到一颗幼芽——大自然冬眠之后醒来的第一个征兆。我闻到了那天鹅绒般的花瓣散发出的扑鼻芳香。我甚至发现了在一朵朵重叠环绕的花瓣上有清晰可见的花纹。偶尔，如果幸运的话，当我把手轻轻地贴在小树干上时，便能感觉到枝头小鸟在尽情歌唱。当小溪的潺潺流水从我伸开的手指缝间通过时，我会兴奋地陶醉在欢乐之中。

读完这段文字，我们怎能不为之动容呢？观察不就应该像海伦·凯勒那样打开我们所有的感官去吸纳、去感受吗？

三、观察与思考结合，发现有价值的观察

观察不仅是用眼看，还要学会用心想，要"边看边想"。就像故事中的小顽童一样，他不仅是一个会观察的人，还是一个会思考的人。妈妈鬓角的几根白发，很不容易发现，可是小顽童却观察得一清二楚，可见小顽童的观察多么细致呀。他不但观察细致，而且善于思考提问，主动询问妈妈头发变白的原因。当妈妈逗他说："宝贝，你做错事，让我难过时，就会令我的一根头发变白。"小顽童立刻联想到外婆、外公的白头发。哈哈，小顽童真是一个调皮又善于思考的孩子。

写作中不但要观察，还要根据观察进行思考，发现事物背后的原因、蕴藏的学问，这才是观察中的高手。

可口的雪碧

于卓立

今天一进教室黄老师就神秘又紧张地说："猜猜今天我们作文课写什么？"教室里立刻炸开了锅，大家议论纷纷：有的说是饼干，有的说是葡萄，有的说是牛肉干，有的说是方便面，甚至有人说是鸡翅、薯条……

黄老师清清嗓子说："都不是，今天我们写雪碧。"话音刚落，我们一拥而上，抢着说："我要喝！"黄老师说："没问题，我请客！但是，你们得慢慢品尝，好好享受汽水的滋味。"我们听了立刻欢呼叫好。黄老师又说："不光是用嘴喝，还要让手、耳、眼、鼻、舌，最好身上所有的感官，都能享受汽水的滋味喔！"

黄老师首先叫我们摸一摸雪碧瓶子，我发现瓶子冰冰的，感觉像摸冰块似的，好冰凉；又好像抱着一块大碧玉，凉到心底！瓶子的上半部分十分光滑，下半部分凹凸不平，有许多均匀分布的小孔。我掂一掂，瓶子重重的，大概有一斤吧！雪碧瓶头上戴着小小的帽子，身穿绿色的外衣，腰上佩着一圈蓝绿相间的"腰带"，非常醒目。

这时，黄老师摇了摇瓶子，轻轻一拧瓶盖，"嘶——"的一声，瓶子发出气球漏气的声音，真好玩！瓶口喷出了白色的气泡小精灵，小精灵们一股脑儿涌了出来。黄老师把"小精灵"倒入我们的杯中，它们谁都不让谁，争先恐后地全都跑到杯子口，而且抢着冒出头。我仔细一看，杯子底和四壁也都布满了小气泡，像西米露一样晶莹剔透。

接下来，我闻了闻，小气泡们个个都像喷了香水似的，发出迷人的气味：略微刺鼻的清香，夹杂着淡淡的柠檬味，还有甜甜的冰糖味，令人神清气爽。

最后，我终于喝了一口，感觉嘴里又麻又疼，舌头酥酥的，就像一个个小精灵穿着钉鞋在我嘴里跳舞。我把汽水咽了下去，感觉喉咙冰冰凉凉的，十分舒服。我实在忍不住了，一大口一大口地把雪碧喝下去，它们像小河一样流进我的胃里，可是"小精灵"好像嫌肚子里太挤，不一会儿，又一窝蜂地从我的嘴里跑了出来。我"呃"地打了个嗝，它们就消失得无影无踪。

这次细品慢尝的体验，让我发现：凡事只要用心去体会，就能得到许多乐趣，喝汽水如此，做其他的事，应该也是这样吧。细品慢尝乐趣可真多！

 老顽童来评点

做个有心人，观察生活，生活处处有乐趣。小作者就在观察中找到了乐趣。同学们，雪碧是我们常见的饮料，但是你仔细观察过它吗？用眼睛看雪碧瓶子的颜色形状、标签上的图案、液体的样子，用手摸

瓶子的触感，用耳朵听液体的声音，用嘴巴尝液体的滋味，用鼻子闻液体的气味……调动身体的各个感官来感知，对一样物品才会有更全面的认识。加入自己的思考，笔下的事物就能呈现它独特的一面了。瞧，小作者写的雪碧是不是既熟悉又有趣！

 老顽童的小练笔

　　同学们，观察一种植物，写一写。你可以写它的生长过程，或它最有特点的部分。

小贴士

1. 选择一个角度观察，写明白。

2. 调动各种感官进行观察。

3. 如果你有什么思考，也可以写下来。

第五课　意在笔先 立意明确

 老顽童的故事：三个徒弟

　　老顽童带着自己的三个徒弟去参加比武大赛。老顽童的这三个弟子个个出手不凡，都进入了决赛。

　　有人指着身形健硕的大徒弟夸道："老顽童，你这大徒弟打出的拳举世无双，一会儿咏春拳，一会儿八卦掌，一会儿鸳鸯连环腿……真是变化莫测呀！"

　　又有人说："不对，不对，我看二徒弟是您所有徒弟中武功最高的。十八般武艺样样精通，棍、棒、刀、枪样样能使！"

　　三徒弟既没有漂亮潇洒的动作，也没有拉风抢眼的兵器，大家都不看好他。而老顽童却对三徒弟寄予厚望。

　　果不其然，决赛时，首先被淘汰的是大徒弟。虽然他招数花样繁多，可是身法步态不稳，重心一晃，败下阵来。二徒

弟虽然会使各种兵器，可没有一样精通，最后也被对手打得落花流水。

唯独三徒弟，稳扎稳打，招招凌厉无比，步步沉稳有力，夺得了冠军。

老顽童语重心长地说："习武之人，不可贪多求全，花拳绣腿；而要刻苦精深，精益求精，方可取得成就。"

故事中的智慧

读完故事，听完老顽童的话，同学们，你们一定知道为什么决赛前，老顽童就最看好三徒弟了吧。老顽童最后说的那段话，讲出了三徒弟获胜的秘诀，字字讲到点子上。"点子"是什么呢？点子就是文章的主旨、中心。老顽童借这个故事，就是要告诉我们：学习任何事物都要刻苦精深，精益求精，切勿贪多求全。

文章不是文字的简单排列，而是为了抒发一种情感，表达一个观点，告诉一个道理，或者说明某种事物的特点……没有中心的文章，就如没有魂魄一般，让人不知所云。就像故事中的老顽童，不但善于指导徒弟们的武功，更懂得如何教导徒弟明白道理，动之以情，晓之以理，让徒弟们明白学习功夫的真正精髓。所以呀，亲爱的同学们，写作前首先要立意，要确定文章的中心。

一、"意"在笔先

写作前一定要有"意"在笔先的意识，也就是下笔之前，先要想好为什么写，要表达什么样的中心主题。

古人说："意犹帅也，无帅之兵，谓之乌合。"这句话告诉我们，写作文就像带兵打仗一样，得有一个大将军——"意"，也就是中心。没有中心，文章只是一堆松散的材料，就像打仗没有统帅，成了乌合之众，士兵们不知道该何去何从，乱作一团。所以不管写什么文章，下笔前要"立"好"意"，也就是定好中心。中心主题明确，选材就得当，结构安排就合理，重点就突出；如果中心主题不明确，脑子里就会模模糊糊，选材就缺乏依据，文章就会出现这样那样的问题。

二、"意"要明确

对于初学习作的同学们来说，在立意上最容易出现的不足主要是——中心主题模糊不明确。这与同学们不确定为什么写有关。其实呀，从写的目的来看，写作无非为了两种不同的目的：为表达自己感情而写；为了与他人交流而写。

当写作的目的是与他人交流时，我们一定要站在读者的角度考虑：为什么写、想要告知别人什么观点、表达怎样的态度、起到怎样的作用。当写作的目的是为了表达自己真实的情感，我们在写作前就应该确切清楚地了解自己究竟要表达什么，倾听自己的内心，清晰地判断辨别自己的想法、观点、思想。

做到"中心明确"有没有什么妙招呢？当然有了——

三、化大为小

习作时面对宽泛的话题要善于"化大为小"。要选择一个小的、恰当的点，做到"以小见大"。这个"点"就是自己能把握的切入口，

如一件事、一个人、一样物品、一种感受、一点看法等等，集中笔力加以突破，把你所选择的话题角度写细写深写透，做到"以小见大"，就能将"话题"真正说清楚、讲明白，从而做到中心突出明确。

例如习作话题"乐趣"，它的范围很广，不可能样样都写。将生活中的诸多"乐趣"聚焦成了具体的一个小"点"——散步的乐趣，话题范围点变小了，能更好地写出生活的美好，并进而写出在散步中领悟到的道理："人生，需要一步一步，脚踏实地。既不能停留，又不能前进得太快。"

下笔之前先深入思考，思考越成熟，主题思想确立得越明确，下笔才能成风。"磨刀不误砍柴工"，同学们养成下笔前确定中心的好习惯，对全文做通篇考虑，这真的很重要。

 有智慧的作文

韩悠然

"散步"两个字看起来十分平常，好像谁都要散步，可是真正能体会到散步乐趣的人又有多少呢？

清晨起床，在一条宁静的小路上独自一人走着，呼吸着新鲜的空气，周围绿树浓荫，让人感受到早晨的清新，在神清气爽中迎来了崭新而

又美好的一天。

午饭后，下楼在阳光下边走边享受着日光，既感受到了大地温暖的气息，又可以在阳光的照射下锻炼身体，对身心十分有益。

晚上，在院子里慢慢地散步，与微风一同前进，感受那晚饭后的阵阵凉意。

散步时，心中欢喜，与自己的好友在那宁静的小路上一边交谈一边散步，是一种美好又充满欢声笑语的享受。有时下一点小雨，几个好朋友就在雨中漫步，细细的雨声总是能让我们心中无比愉悦。如果有很大压力，我们可以尝试一下散散步，散步时，什么都不用想，不管发生什么事都能把它抛之脑后。一个人走着，伴着那微风与阳光，是一件多么美好的事呀！

人生就像是散步，如果你一直宅在家中，始终只能停留在原点；你若走得太快，一切匆匆而过，你会错过许多美好。人生就如散步，需要一步一步，脚踏实地，既不能停留不前，又不能前进得太快。

瞧，散步让我既锻炼了身体，又懂得了道理，这难道不是散步的乐趣吗？

老顽童来评点

同学们，小作者把"散步"这件日常的小事作为写作点，以"乐趣"为写作的重心。全文围绕着散步这件事，从不同的方面入手，把散

步的乐趣写透。散步既可以亲近自然、锻炼身体，又可以放松心情、感悟道理，这就是作者要写细写深写透的中心。当然，小作者的作品中心如此明确，秘诀就是：在写作之前，心中就明确了主题、确定了素材。

 老顽童的小练笔

同学们，请写写你最亲近的一个人，可以是你的爸爸妈妈，也可以是你的其他亲戚朋友，还可以是你的老师。想象他（她）的特点是什么，围绕着这个特点写一写。

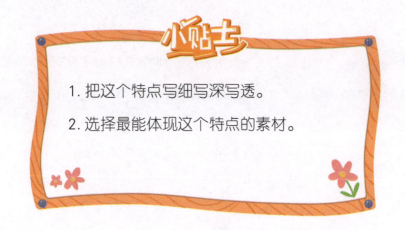

小贴士

1. 把这个特点写细写深写透。

2. 选择最能体现这个特点的素材。

第六课 中心立意 正确集中

 老顽童的故事：有见识

一天夜晚，隔壁邻居张大爷做了个梦：他的牙齿被一个突然闯进来的陌生人拔光了。第二天，几个邻居聚在张大爷家喝茶。张大爷心神不宁地把前一晚做的梦讲了一遍，要邻居们为他解梦。

"从你做的梦来看，"隔壁老王头振振有词地说，"你的妻子和儿子、女儿们会在你之前过世，你最后过世。"

张大爷一听，火冒三丈，立马要赶老王头走。

老顽童见了，连忙说："张大爷，您的梦预示了您不一样的人生。"他清了清嗓子继续说，"恭

喜您啦！跟您家张太太和您家女儿、儿子相比，您老的寿命最长。"

张大爷听了非常高兴，直夸老顽童有见识。

 故事中的智慧

面对同一个梦，隔壁老王头和老顽童都尽心给出了自己对梦的解释，老王头险些被张大爷赶走，而老顽童却得到张大爷的夸赞，这是为什么？因为面对同样的事情，老王头和老顽童看待问题的视角不一样，理解不一样，给出的观点思想也就不一样。对事情的理解、观点就是我们的思想，将这个思想表达出来就是立意。

怎样的立意才算好的立意呢？

一、正确积极

文章所确立的中心思想要是正确、健康、积极向上的。

亲爱的同学们，文章是我们思想的记录。我们的喜怒哀乐、我们的憧憬与梦想，都会借由文字记录下来，并传递给他人。在生活和学习中，我们难免有时会有情绪低落、消极的时候，如果写作时，我们总是不假思索地把这些消极、阴暗、负面的情绪一股脑儿倾泻出来，不但无法排遣自己不平的心绪，也让读到这些文字的人无端地接受这些情绪"垃圾"，增加了思想的负担。

孔子在谈《诗经》时说："《诗》三百，一言以蔽之，曰'思无邪'。"意思就是，《诗经》中三百多首诗，用一句话来概括，就是思想都是纯正的。可见，自古以来我们的先贤就强调写作所传达的思想应该符

合真善美的标准。同时，这句话也告诉我们，可以用写作锻造自己的思想，修炼自己的品格，让自己成为温和善良的人。

二、集中专一

同学们写文章常常没有明确的中心思想，把材料散乱堆放在一起。中心不突出，情感态度不鲜明。写人的文章，人物形象不突出，特点品质不鲜明；写事的文章，光有事，没有通过事表现出中心。

宋朝的王安石曾上书皇帝："人之才，成于专而毁于杂。"意思是：人的才能，成功在于专一，而失败在于学得杂乱而不精深。其实，作文的立意也是这样的。无论多么复杂的事情，中心不能分散。一篇文章如果既想说明这个问题，又想讲那个观点，东拉西扯，必然立意不明确。

确立文章的中心时，不能贪多求全，不能搞"多主题"。一篇文章应集中笔墨表现一个中心，你赞成什么、反对什么都要有明确的态度，即使通过几件事情来表现中心，也要做到紧贴一个中心，目标始终如一。

三、新颖独特

成功的作品总是因为它们给我们提供了一种新鲜的信息、思想或新鲜的感情，让人读了茅塞顿开，获得启迪。

同学们还记得 2019 年电影票房黑马《哪吒之魔童降世》吧。这个动画片改编自中国神话故事《哪吒闹海》，讲述了哪吒虽"生而为魔"却"逆天而行斗到底"的成长故事。要知道，"哪吒闹海"的戏剧、动画片早就深入人心，想要超越好难！正是如此，《哪吒之魔童降世》的创作团队大胆创新，彻底颠覆了传统：哪吒不再是灵童，而是彻底的魔童；冷面无情的李靖，变成了温暖的慈父；温柔的殷夫人，变成了一口一个

老娘的"女汉子";神通广大的太乙真人，变成了骑着飞猪大腹便便的酒鬼……正是这些创新，把人们耳熟能详的"哪吒闹海"的故事打碎重构，跳出了人们对哪吒旧的印象，赋予了哪吒新的神韵。

 有智慧的作文

我的"好朋友"

林文楷

我有一位"好朋友"，他陪伴着我度过了美好而愉快的童年。

他，就是鼓山。

很多福州人在双休日、节假日时，都会去爬一爬鼓山，这几乎已经成了福州人民最普遍的健身和休闲活动。从小，爸妈就经常带我去爬鼓山。我就慢慢和这位"好朋友"熟识了。

我的这位"好朋友"啊，长了三张完全不同的"脸"。为什么？因为，通往鼓山顶上的路一共有三条，它们都各具特色，各不相同。

第一条叫"古道"。这条路已经有几百年的历史了。就在这条路两旁的石壁上雕刻着古代诗人留下的摩崖石刻，上面题写着很多经典的诗词。"古道"，就像一位充满智慧的老人，仿佛在用这样的方式，为我们讲述着一个又一个历史故事。

第二条路叫"松之恋"，顾名思义，就是有许多松树的一条山道。

这条路视野开阔，可以让人们看到鼓山上秀丽的风光。如果你走累了、爬不动了，可以坐在松树下，听风吹过树叶发出的"沙沙"声，仿佛有一位温柔的女子在为我们放声歌唱。

第三条路就厉害了，叫作"勇敢者"。这条路十分陡峭险峻，正如其名。它就像缠绕在山上的一条巨龙，不允许别人轻易地从它的头顶跨过。

这三条路各有各的特点，但不论哪一条路，每次都能给我带来愉快的体验，让我的身心舒畅。我的这位"好朋友"，用他多变的"脸庞"，给我带来不同的快乐。

对了，我的这个"好朋友"还有一样最特别的玩具，就是缆车。缆车仿佛一只巨大的机械手臂，亲手将我送到鼓山顶上。坐在缆车里向下俯视，我隐隐约约可以看见一道道青色的石阶。沐浴着山上轻柔的阳光，抬头仰望，小鸟在我身旁自由地飞翔，感觉一切都是那么宁静惬意。

我的这位"好朋友"还特别好客，每次当我要离开鼓山时，总能收到他送给我的礼物——各种小树枝和树叶。你们可别小看这些树叶，有一回，我就用这些树叶制作了树叶画，获得了学校树叶贴花比赛的三等奖呢！这可少不了我的"好朋友"的功劳。

时光飞逝，我现在已经是小学六年级的学生了，如今学业愈加繁忙，我不能经常去看望这位"好朋友"。可是，只要我再次去拜访他，他总是一如往常热情地接待我。他，总是会勾起我童年的回忆，给我带来久违的轻松和快乐。

 老顽童来评点

明明是写景，到了小作者的笔下却像是在向读者介绍自己多年的老友。这样新颖独特的写法，怎么可能不吸引人！题目就足够吸引眼球了，内容也毫不逊色。文章的中心是集中统一的，介绍鼓山的路、缆车、树叶，都是在表达小作者对鼓山这个"好朋友"的喜爱之情。正确积极的立意也值得夸赞。文章的基调轻松愉快，我们不仅可以感受到小作者对鼓山的爱，还能体会到小作者乐观积极的人生态度。同学们，动动你聪明的脑筋，相信你也能写出立意优秀的作品！

 老顽童的小练笔

我们身边有许多人，或是帮助过我们，或是给予我们启迪，或是带给我们新的思考……请以"只因有你"为题，写一个影响你的人。

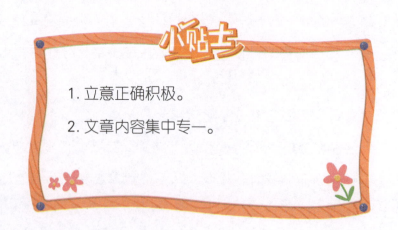

小贴士

1. 立意正确积极。
2. 文章内容集中专一。

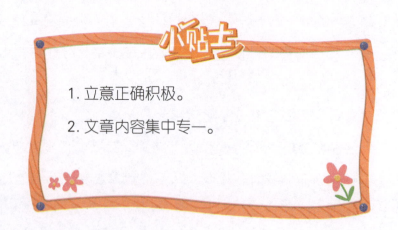

第七课 如影随形 海纳百川

 老顽童的故事：这就是勇气

刚开始写百字作文，好些同学无从下手。这一天，老顽童给学生出了一道命题百字作文，题目是"什么是勇气"。正当同学们冥思苦想的时候，旁边的何小兔却第一个交了卷。他在作文纸上只写了五个字"这就是勇气！"老顽童哈哈大笑，给了他满分。

第二天课堂上，老顽童又出了一个百字作文题目，题目是"什么叫懒惰"。

课后，老顽童批改作文，当他翻阅到何小兔的作文时，发现第一页是空白的，接着第二页也是空白的，直到翻到第四页，才发现作文本上写着斗大的几个字："这就是懒惰！"

📖 **故事中的智慧**

读到故事的最后，同学们是不是也和老顽童一样，被故事中何小兔机灵顽皮的答案逗乐了？老顽童两次给出的百字作文题目"什么是勇气""什么是懒惰"，就是作文的中心。何小兔围绕着"勇气"这个中心，在同学们都在奋笔疾书时，交上了只有五个字的试卷，真是鼓起了"勇气"呀！后来他又围绕着"懒惰"这个主题，居然交上了一篇几乎是空白的作文，这真是"懒惰"得不成样子。可无论哪一次应对，何小兔都是紧扣"主题"、充分表现，难怪老顽童面对同样顽皮的何小兔，哈哈大笑起来。

当然，写作文可不能真像何小兔这样"懒惰"，但学学何小兔写作前有"意在笔先"的意识，也很重要哦。那么表现中心有哪些方法呢？老顽童不妨教你几招：

一、如影随形，如响应声

"如影随形，如响应声"讲的是：影子老是跟着身体，有音乐是因为有声音，说明事物关系密切不能分离。文章的思想和内容之间的关系就是这样。文章要有明确的中心，而中心要靠内容去表现，内容就是我们所选择的事例。如何做到中心与内容紧密相关呢？就要从以下两方面入手：

第一，精选事例表现中心。文章的思想正确，"意"立得高，就要有相应的内容来表现。所以作文是要选择最有代表性的、最能反映中心的事例来表现。怎样选取典型的材料呢？首先，必须克服面面俱到的毛病，要学会"剥笋"，从众多的材料中，选取典型的材料，由表及里，抓住事物的特点和本质。其次，采用比较法。可以选择一组相同或相近的材料加以分析、比较，看哪一个材料更具有代表性，更能够说明中心。

第二，抓住重点描绘中心。和中心关系密切的部分是重要的部分，应该慢下来，使用"描写"的方法详写；和中心关系不太密切的部分就不是重点，应该快起来，可以使用"叙述"的方法略写。

二、众星捧月，百川归海

立意也要注意集中鲜明。一篇文章不管用多少材料、叙述几件事情，都要围绕一个中心，明确写作意图。就像百川归海、众星捧月一样：所有的事例都为文章的中心服务。但是在实际写作中，中心散乱、模糊，是同学们常犯的错误。如何使中心集中呢？可以做到几个"一"：

一见倾心的题目：运用题目点明中心。

一锤定音的开头：即开篇两三句点出中心思想，为下文埋下伏笔，奠定感情基调。

一处传神的细节：在能彰显中心的地方运用各种描写具体地写，是突显中心的有力方法。

一箭双雕的收尾：在文章的结尾点明中心，内容上深化了主题，又让读者感到口齿留香，意犹未尽。

三、烘云托月，侧面烘染

烘云托月源自画家笔法，作者要画的是月亮，却不直接描绘月亮，

而是通过画云彩来显现月亮。写作的时候通过间接描写的方法，也能使中心更明确突出。

例如：宋代画院举行过一次绘画比赛，命题是"踏花归去马蹄香"。有的画家在"踏花"二字上下功夫，画了许许多多的花瓣儿，一个人骑着马在花瓣儿上行走；有的画家在"马"字上下功夫，画上跃马扬鞭的少年，在黄昏疾速归来；有的画家在"蹄"字上下功夫，画了一只大大的马蹄子……

只有一位画家独具匠心，他画的是：黄昏的时刻，一匹骏马奋蹄奔腾，几只蝴蝶追逐着马蹄蹁跹飞舞。交卷以后，主考官看到这幅画，连连称赞。真是绝好的构思——马蹄边飞舞着的蝴蝶便是侧面烘托。

侧面烘托，丰富了写作的手段，给读者留下了无限的想象空间，增添了文章语言的魅力，真正体现了"言有尽而意无穷"的特点。

 有智慧的作文

盛满阳光的箱子

闵欣桐

阳光和煦的午后，妈妈坐在阳光里整理她的宝贝箱子，我则在一旁看书。箱子里的"宝贝"一件又一件地被妈妈小心翼翼地拿出来，我心不在焉地翻着书页，眼光却忍不住斜斜飘落在那些"宝贝"上。

妈妈的宝贝，会是些什么东西呢？

我好奇地窥望，只见都是些相册和大小不一的盒子，与我心目中"宝贝"的标准相去甚远。妈妈那一双手，却兴致盎然地翻个不停，她一边翻着，一边逐件给我讲述沉淀在上面的故事。一件件讲下来，那些在我记忆里早已模糊的事情，就在妈妈那双手的翻动和她看似平静的讲述中重新勾勒出了清晰的轮廓，填满斑斓的色块，渐渐鲜活起来。

"对了，看这个。"

妈妈那双手，从箱子里翻出一张花花绿绿的卡片来。那上面画了几个小娃娃，显得很是幼稚拙劣。旁边歪歪扭扭地写了一行字，笔画东倒西歪，蓝色的圆珠笔笔迹因为时间太久，在纸上都有些洇开了。

"祝妈妈永远青春美丽……"

我一读就笑了，这是多年以前我羞于见人的"墨宝"，怎么成了妈妈的"宝贝"？

妈妈也笑了，微微地，像要融进阳光里。"看你当年写的字，啧啧，多丑。"她放下这张，那双手又翻出了好几张，"还有这些，都是你小时候的'杰作'。"阳光照在上面，似乎渗进了纸的纤维里，字里行间笼着柔和的光晕。她那一双手，轻轻地抚过卡片，如同抚着年幼的我，眼睛亮亮的。

我有点惊讶：妈妈居然把它们都留着！那些勉强可以称为"贺卡"的纸片，有些墨水已经化开，有些铅笔写的已经被我用橡皮擦得黑乎乎一片。我已经不记得当年我都是为了什么事、怀着什么心情在卡纸

或白纸上画出这些今天让我不忍再看的小人，再一笔一画地写上这些对那时的我而言十分"高级"的贺词。可是妈妈，她笑着，那一双手接过卡片，小心翼翼放进她的宝贝箱子里，然后过了许多年，在温暖一如往昔的阳光中，咀嚼那些过去的时光，一遍又一遍，一遍又一遍。

妈妈都记得吧？

我记得的，她不会忘；我不记得的，还是她那一双手，接过来放进心里的箱子，上锁，藏好，像守护生命中最瑰丽的珍宝一样日夜看护。

妈妈坐在阳光里，那双不再光滑年轻的手，捧着她的宝贝。淡金色的阳光落进她的眼睛里，无声地消融在那乌檀色的深沉中，与她守护着的无数回忆一起，化作一首温柔的爱之歌。

我不禁鼻子一酸。

何时再为妈妈绘一张贺卡？可我仍然如此拙笨，写不出气势恢宏的赞歌，也调不出阳光般的色彩来描绘她暖阳般的爱意，更无法找到那辽阔无疆的纸面，来承载我所想表达的，她给予我的无尽感动！

阳光洒落，寂静无声。

我轻轻盖上心中那只属于我的箱子，里面盛满了久违的感动、重生的记忆，还有妈妈那一双手，那如阳光般的爱。

老顽童来评点

这只箱子里的"阳光"其实就是妈妈对闵同学的爱呀！文章的题

目就在为我们点明中心。这篇文章立意集中鲜明,围绕妈妈整理箱子展开,——介绍了妈妈的宝贝。妈妈的宝贝都是小作者送给她的礼物。妈妈将这些宝贝收藏起来,为这些宝贝而感到喜悦,母爱的光辉闪耀着,文章的重点很突出。小作者对妈妈的手进行细节描写,进一步彰显母爱。小作者被阳光般的母爱所感动,这是从侧面烘托出母爱的伟大。同学们,现在的你,也能像小作者一样,用多种方法表现文章中心了吧!

 老顽童的小练笔

写作源于生活。同学们,请你以"_____的一件事"为题,选取你生活中的事例为素材,写一篇短文吧!

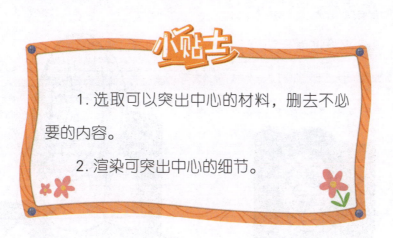

小贴士

1. 选取可以突出中心的材料,删去不必要的内容。

2. 渲染可突出中心的细节。

第八课 取舍材料 善于搭配

 老顽童的故事：鸭肉怎么分

周末，朋友带着妻子和一双儿女到老顽童家做客，老顽童亲自烧制了一道美味——脆皮鸭，与朋友分享。谁知，朋友的两个孩子都想吃鸭头和鸭脖子，便吵了起来。大家被吵得一个头两个大，老顽童决定自己出马来分配。

老顽童将鸭头递给朋友说："瞧，您是一家之长，应该吃头。"

老顽童又将鸭脖子递给朋友的妻子，说："男主外，女主内。头往哪个方向转，还要脖子支配。您是家里的女主人，

应该吃鸭脖子，这样男主人在家更尊敬您。"

接着，老顽童将鸭子的两只翅膀，分给朋友的女儿，说道："都说，女儿是爸爸妈妈的天使。天使哪能少了翅膀？这翅膀也象征着你能展翅高飞，实现梦想。"

然后，老顽童把鸭腿分给朋友的儿子，说："小男子汉将来是要行千里路，读万卷书的。吃了鸭腿，一定能步履稳健，一步一个脚印，踏踏实实走自己的路。"

听完老顽童的话，兄妹俩心满意足地吃了起来。

 **故事中的智慧**

一开始，朋友家的两个孩子为吃鸭头和鸭脖争吵不休。老顽童来分鸭肉，儿子没有吃到鸭头，女儿没有吃到鸭脖子，可他俩都没有意见，欣然接受。同学们想过没有，这是为什么？这是因为老顽童知道选择、安排、分配材料的门道。一只鸭，让老顽童这一分，各取所需，皆大欢喜。

我们写作文的时候，也应该像老顽童一样，善于选择、安排、运用材料。具体地说，就是要学会运用下面的方法：

一、挑选取舍材料

文章要有实实在在的内容，必须材料充实。

但写作时材料是不是用得越多越好呢？那倒未必。就像妈妈买回一大堆菜：鸡翅、鲫鱼、鸡蛋、胡萝卜、豆腐、青菜、黄瓜……样样

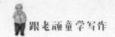
新鲜营养。可是，如果妈妈将这些菜都炖到一口锅里，端到你面前，你是吃还是不吃？哈哈，我相信没有哪个小同学吃得下！所以写文章时，不能捡到篮里就是菜，还要用心地挑选取舍材料。

如何选择取舍材料呢？根据需要来选。就像妈妈买的菜虽然多，她会根据不同的需求来制作美食。比如，根据你所喜欢的偏甜口味：挑选鸡翅加入可乐，制作可乐鸡翅……也可以根据你成长需要补充蛋白质和钙：挑选含钙丰富的鲫鱼、豆腐制作鲫鱼豆腐汤。看，需求不同，选择的材料不同，制作的美食也不同。

写作文也是这样，选择材料也要按需选择，这个"需"就是文章的中心。文章的中心决定了材料的取舍以及详略的安排：跟中心无关的，舍弃不用；跟中心有关的，要分清主次，选取其中最有利于表现中心的材料作为重点展开，其他可以略写。

二、安排搭配材料

材料选择好了，还要懂得合理搭配才行。就像妈妈买的菜，鲫鱼配豆腐都是白色，熬的汤才纯白如雪，浓郁醇香。如果鲫鱼配胡萝卜，唉，就不美味了。烧制菜肴要讲搭配，作文时安排材料也要巧搭配。

材料和材料之间一般有这些搭配关系：对比、衬托、铺垫、照应……在安排材料的时候要注意材料间的合理搭配。比如，课文《诺曼底号遇难记》一面刻画船长面对灾难时的镇定自若；一面写船遇难时人们的惊慌失措。两组材料形成对比，起到了很好的衬托作用，更好地突出了船长在灾难来临时的坚毅果敢。安排材料时，注意材料间的关系，合理搭配，更能巧妙、恰当地突出中心。

三、裁剪缝合材料

材料挑选好了，可是写作的时候如果只是把这些材料简单地堆在一起，不分详略地写出来，那就会杂乱，中心不明确。挑选好材料还要学会剪裁、缝合材料。就像服装设计师制作时装一样：先根据设计图纸和顾客的身材剪裁，去掉多余无用的布料，剪裁出一块一块的组合部分，再将这些部分缝合起来，最终成为合体的衣服。

因此下笔前，要根据中心确定哪些材料可以写详细一些，哪些材料可以写简略一些，分清主次。对多余的材料可以掐头去尾、删枝减叶，这样就能把材料剪裁好了。同时，还要注意如何把材料缝合起来，比如注意利用过渡、呼应、衔接等方法将各种材料连接起来。

挑选、搭配、裁剪、缝合材料不是一件容易的事，需要多加练习，切记不可想到哪里写到哪里。正如著名作家高尔基说的：要写作的人不要把鸡毛和鸡肉炒在一起给别人吃，尽管鸡毛是长在鸡身上的。

有智慧的作文

我的百变妈妈

曾诗尧

我有一个神奇的妈妈，她总是变来变去。她早上是一条鱼，下午是一只猫，晚上是一只孔雀，是不是听着很有趣？

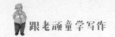

常言道，一日之计在于晨。早晨应该是人精神最好的时候，我妈妈却像鱼一样经常犯迷糊。比如，今天早上，妈妈开车送我去补习班，结果她直接往她单位开去，过了好一会儿，她才反应过来："不好！我开错路了！"

她还像鱼一样只有七秒记忆。比如：一天早上，我躺在床上大声说："妈妈，我要喝水。""鱼妈妈"回应道："好，我给你烧。"于是，我躺在床上，一分钟……五分钟……十分钟……怎么还没来！"妈妈，我的水呢？""哦，我忘了。"真是令我哭笑不得。早餐时间，我的"鱼妈妈"总是不亏待自己，又吃肉，又吃菜，还爱吃面食，真像一只杂食动物——鱼。

到了下午，她就会变成一只猫。这只"猫妈妈"真是太懒了，总是睡午觉不想起床，一起床就唉声叹气。她怎么会这么懒呢？可她一旦开始工作，思维就会变得非常敏捷，只见她的手在键盘上游走，根本没有停下来的意思，就像一只敏捷的猫。

到了晚上，妈妈就像开了屏的孔雀，想方设法地表扬自己。她经常抱一堆包裹回家，一打开全是衣服。正当我睡眼朦胧的时候，她毫不犹豫地叫醒我，说："尧尧，你看我穿这件好不好看？这件呢？我明天穿这件行不行……"每当她知道我取得了优秀的成绩时，就会骄傲地说："你看，我女儿好棒。"我总会很嫌弃地看着她说："又不是你，那么骄傲干吗？""你是我的女儿嘛！"

瞧，这就是我的百变妈妈，变来变去都把我搞晕了！唉，只能说习惯就好。但无论她是爱犯迷糊的"鱼妈妈"，是懒洋洋的"猫妈妈"，还是自恋的"孔雀妈妈"，我都很喜欢她。

 老顽童来评点

同学们，小作者这篇文章中使用的材料可真不少！因为她平时跟妈妈相处得最多，所以写起妈妈就有很多素材可以筛选啦！她抓住妈妈不时犯迷糊、有时懒懒的、有些自恋这三大特点来选择生活中的事例作为素材，"荤素搭配"让读者读得津津有味。相信你写自己熟悉的人和事物，也能选择独特典型的素材来写。

 老顽童的小练笔

同学们，我们大显身手的时间到了。请选择一个你熟悉的人，说说他（她）像什么动物，并举例子说说他（她）与该动物的相似之处吧！

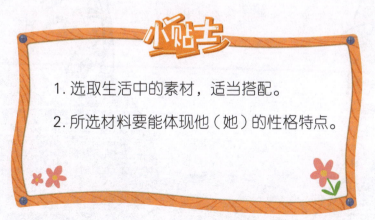

小贴士

1. 选取生活中的素材，适当搭配。

2. 所选材料要能体现他（她）的性格特点。

第九课 话题作文 化虚为实

 老顽童的故事：看得见却摸不着

朋友的生日快要到了，老顽童和大家商量要送给朋友一件特殊的礼物。朋友想考考聪明的老顽童，说："老顽童，您能送我一份特殊的礼物吗？这份礼物——看得见，但是摸不着。"

过了几天，老顽童和大家一起将礼物送到朋友家。其他好伙伴有的送八音盒，有的送鲜花，有的送玩具，还有的送书籍……只有老顽童拎着一个四周用布封得严严实实的箱子，若无其事地走了进来。

朋友收下了大家的礼物之后，心情愉悦，大声说道："老顽童，你送我什么礼物呀？"

老顽童快步上前，拎着箱子，双手献上。朋友刚伸出手准备接礼物，谁知，老顽童打开了箱子外的那层布，一只只鸽子从箱子里腾空而起，盘旋在生日会场的上空。鸽子在会场中飞了一会儿，就从窗子飞出去，消失了。会场上响起了掌声和惊呼声。

"老顽童，你送的礼物最让人惊喜！"朋友欣喜地说道。

"我的朋友，这就是你要的'看得见却摸不着的'特殊礼物呀！"老顽童回答道。

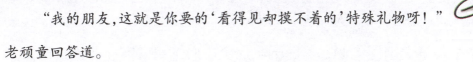

故事中的智慧

同学们，读完故事我们不得不为老顽童的机智叫好！朋友让老顽童送他一件"看得见却摸不着的"特殊礼物，这没有难倒聪明的老顽童。老顽童使用了一个方法解决了这个难题——化虚为实！朋友以为这样的礼物根本不存在，是虚构的，是自己出的一个不可能完成的难题。而聪明的老顽童却将看上去可能不存在的礼物，变为实实在在的事物——鸽子。按照这样化虚为实的思路，还可以送些什么呢？蝴蝶、蜜蜂、小鸟、打开即爆的烟花……

其实这样的方法在我们的习作中也常常可以运用。在平时的考试作文中，我们常常遇到一些写作范围比较宽泛的话题性作文，如：《社会第一课》《心中的那一盏灯》《给自己一些____》……面对这样宽泛的题目，有的同学常常不知道如何应对，东拉西扯，言之无物，跟

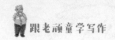

着空泛的题目，写的内容也"空泛"起来。

面对这样范围宽泛的话题作文，我们可以用下面三招来——破解。

一、化虚为实

遇到习作话题范围过大、无从下手时，我们可以像老顽童一样采用"化虚为实"的办法。首先，可以将题目中空泛的要求落实成一个明确清晰的中心，然后围绕这个中心选择实实在在的一件事、真真实实的一个人、确确实实的一样物品……而后集中笔力对这些事、人、物进行叙述，对重点部分加以细致的描写，这样就容易把选择的话题写细写深写透，从而做到中心突出、明确。比如《社会第一课》这个题目，可能才读题目有些不知所云，无从下手。但仔细想想："社会"不就指学校、家庭生活之外的广阔的天地吗；"第一课"说明是写自己第一次经历的某件事，并从这件事中得到了某种启示、懂得了某种道理。也就是说，可选择学校、家庭生活以外的，第一次经历的，让自己受到启发和教育的事情，这不就"化虚为实"，有事可写、有话可说了吗？

二、变大为小

遭遇话题宽泛的作文，我们可以抱有"任他弱水三千，我只取一瓢饮"的态度，也就是选择有价值的"生活小事"来写。只要是生活中让你有感触的事物，就是有意义、有价值的，就值得我们写。因此遇到宽泛的话题，可以寻找一个小角度，从一人一事、一景一物、一枝一叶深入发掘，以细小的局部显示整体，用小题材反映大主题。

例如写《难忘的启示》这篇作文，题目也很宽泛，可是有一个同学选择了写蜗牛奋力攀爬的事情。事情虽小，可是在文章末尾他写道："一只蜗牛往树上爬，半天爬不了几厘米，可它还是在不断地往上爬行，它这种顽强拼搏的精神令人感动，这种感动就是这只蜗牛爬行的意义，和它存在价值。"瞧，小事物、小事情也承载着大道理呀！

三、小中见实

可是在写小事的时候，由于事情太小，同学们常常陷入无话可说、说不具体的尴尬境地，总觉得小事情不好写。这就要学会将"小"变"实"，也就是在"小事"中发现能够表现中心、又可以着手描写的细节点。对这些细节之处展开细致地描写，事情就能写生动写具体，文章的主旨也更鲜明了。例如上面提到的《难忘的启示》一文，小作者就抓住蜗牛攀爬时遇到困难这一细节，细致描写了蜗牛怎样一次又一次从树上掉下来，却仍毫不气馁，一次次继续往上攀爬的情节，入木三分地刻画出了蜗牛身上所具有的"顽强坚韧"的品质。

亲爱的同学们，相信当你再次遇到作文话题宽泛时，一定有办法了吧。

昨天的困难

文瀚森

人生是多姿多彩的，随着年龄的增长，我们会面临各种各样的事，有好有坏。但是，不论事情好坏，总会有道坎在那里等我们，这坎便是人生中的困难，我老是被它绊倒，昨天的一次困难终于使我学会了如何跨越过这道坎。

一个周日的下午，我懒散地躺在沙发上看动画片，嘴里还津津有味地吃着薯片。妈妈看我这副模样，轻轻叹了口气，过了一会儿，妈妈的呼声从厨房里传了出来，我却当作没听见一样，妈妈连续喊了好几声，我都没答应，终于妈妈使出了绝招"河东狮吼"，吓得我差点儿从沙发上跳了起来。待我跑进厨房时，才明白过来，妈妈是准备教我包饺子。我非常无奈，因为我对厨房的事一无所知，对做家物一窍不通，但妈妈却还是坚持让我去，我只好走入厨房准备听妈妈传授独门绝技。

妈妈先给我做了示范，把一勺肉馅放在饺子皮儿的正中央，用水在周围糊上一圈，两个大拇指再向中间一压，一个小小的饺子就立在了妈妈手中，圆鼓鼓的，像一个小元宝。

我一看就来了劲儿，也想要包出一个这样漂亮的饺子。轮到我操作了，我学着妈妈的动作，一步一步做了起来。在中间放一大团肉，周围糊上水，成功就在眼前，可是饺子就像一个顽皮的孩子，偏要和我作对，我捏住这边，馅从那边挤了出来，我按住那边，馅又从这边跑了出来，我两边齐用力，馅从中间喷了出来，溅了我一身，我有点儿挫败，便把饺子搁在一边，又去看电视了……

这时门口传来了一阵交响曲，平稳的脚步声向我逼近，爸爸回来了！见我一副闷闷不乐的样子，爸爸有些诧异。

爸爸问了妈妈事情的来龙去脉，走到我身边，语重心长地说："人生总有许多不顺心的事和困难，你一定不能放弃，要努力去克服它！"我茅塞顿开，冲进厨房，重新开始。

我挽起袖子模仿妈妈的动作，一步一步地做了起来，又到了那个令我头疼的步骤，妈妈似乎看透我的心思，耐心给我讲解了要领。我双手同时用力，两条边沿稳稳地合在了一起，馅没从皮子里喷出来，我又惊又喜，就这样，一个完整的饺子被我做出来了，我高兴极了！此时，妈妈和爸爸对我露出了会心的微笑……

因为困难，人生充满了惊奇与挑战，也是因为包饺子有难度，所以我学会包饺子时，内心是无比欣喜。因为战胜昨天的困难，我学会了如何跨过困难的门槛。

 老顽童来评点

　　同学们，《昨天的困难》这个题目看起来很空很大，题目里的昨天指的是过去，过去的困难很宽泛。但是文同学用生活中的一件事来体现这个主题，就做到了"化虚为实"。包饺子这件事很小，小到让人觉得平凡。正是这样平凡的小事，写出来才更贴近生活，写起来才不会空洞无味。我们感受到小作者情绪的起伏，我们注意到小作者在爸爸的启发下转变了态度，我们读完这篇文章，也受到了启发……从小事入手写大道理，就是这篇文章的巧妙之处。

 老顽童的小练笔

　　同学们，生活中的所见所闻，只要细细思考，都会使我们获得一些启发。请选择一件事，以"＿＿＿＿的启示"为题，写一篇作文吧！

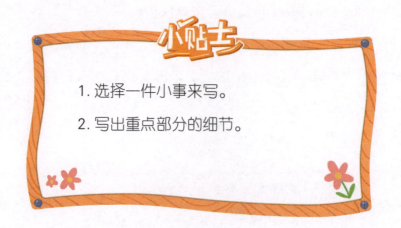

小贴士

1. 选择一件小事来写。
2. 写出重点部分的细节。

第十课 结构之美 完整紧凑

 老顽童的故事：游泳

老顽童小时候，特别喜欢听老师给同学们讲古罗马人的故事。

"他们都很强壮、勇敢。"老师说，"这些罗马勇士体格强壮，因此他们会参加许多运动。"

"他们游泳吗？"小顽童好奇地问，"游泳会使人身体健壮，我爸爸就会冬泳！"

"是的，他们经常游泳，就连冬天也不放弃。"老师接着给小顽童和同学们讲了一个著名的罗马人的故事。

"罗马有一条很宽的大河，有一个罗马勇士，每天早餐前在河中横渡三次！"

听到这里，小顽童控制不住地笑了起来。

老师生气地质问："你笑什么？这很好笑吗？"

"哈哈哈，老师，是这样的，"小顽童笑着回答，"他怎么不横渡四次呢？这样他才能取回他脱下的衣服呀，难道游完泳他不用穿衣服的吗？"

 故事中的智慧

同学们，读完这个故事，你是不是也和小顽童一起笑起来了。除了故事本身有趣之外，这个故事的结构其实也暗藏玄机呢。小顽童喜欢听老师讲罗马人的故事是事情的起因；老师讲罗马人喜欢运动是承接前面的内容；小顽童笑话老师，这让故事情节猛地一转，扣人心弦；最后小顽童指出罗马人不可能横渡河面三次，因为他得取回衣服，是事情的结果。故事不长，但结构安排上做到了"起承转合"，难怪故事这样吸引人。

写文章时，安排好文章的结构，写出的作文才条理清楚、层次分明。怎样的文章结构才美、才是好的结构呢？

一、完整匀称

一说到"花好月圆"，我们的脑海中就会浮现出画面：天上一轮圆圆的满月皎洁素雅，月下花开正艳，朵朵娇美动人。花正好，月正圆，一切都是那么完美，我们心里就会产生一种愉悦的美感。但是，一说到"月缺花残"，我们就仿佛看到衰败零落的景象，似乎心情也跟着低落下来。这又是为何？因为，花的凋零、月亮的残缺，似乎减损了美，不能引起人们的审美感受。可见任何美的事物，形式上都具有完整匀称的特点。

写文章也是如此，文章在结构安排上要环节完整，开头、主体、结尾齐全，首尾圆合，没有结构上的残缺。同时，还要注意结构布局要匀称，各个部分各个环节之间的比例要均衡，不要出现"头重脚轻"或"畸大畸小"的情况。咱们中国古代的作家们就曾说，好文章的结构要符合"凤头、猪肚、豹尾"的标准。就是说，文章的开头部分要如精致小巧的凤凰头，以精彩之笔迅速将读者引入正文；中间主体部分要像浑圆的猪肚子一样充实饱满；结尾要像豹子的尾巴一样有力，能见好就收，不拖拉，有力点明主旨。

可见结构完整、布局匀称这是从古到今人们对于好文章的评判标准。同学们，我们也要努力做到呀。

二、周密紧凑

好的文章结构还要做到条理清楚、层次分明。好的结构安排总能给人严丝合缝、浑然天成的美感。如何做到呢？

首先在写作前要整体构思。看到作文题目，同学们可能会有很多想法，会想到很多材料。但先不着急落笔，首先想清楚你要表达的中

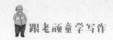

心是什么。然后根据中心取舍材料、梳理材料：把不能表现中心的材料去掉，把能用的材料进行分类和梳理：相同的材料加以集中；相近的材料比较比较，不要混淆；主要材料放在文章关键部分加以突出和强调。而后再大致思考文章的整体结构。

除此之外还要确定写作顺序。思考是按照时间的顺序，地点变化的顺序，还是按照事情发展的先后顺序去写。

写作前只有经过这样严密的思考，写出的文章才会结构严密紧凑，思路清晰，条理清楚。

三、疏密相间

文章的结构和画画一样，不但要构图完整，而且画面要错落有致。因为，凡是美的事物都有一个共同特点，那就是结构上具有错综变化的特点；而形态呆板、结构单一的东西，不能让人感到美。那文章怎样做到疏密相间呢？

就是要学会裁剪。文章每个部分要有变化，有的地方写得详细就是"密"，有的地方写得简略就是"疏"。好的文章应该做到疏密相间，该详写的地方详写，该略写的地方略写。对于那些能够表现中心思想的内容，就要着重写，不惜用墨如泼，集中笔力，浓墨重彩地凸显最中心的部分；而一些与主题无关的、次要的东西一笔带过。详略得当，疏密相间，就能使文章有起伏变化，展现错落有致的结构美。

有智慧的作文

童年趣事

胡月

回忆起童年的趣事，那可不少：去捉小鱼小虾，回家放在鱼缸里养；去菜园子里摘菜，结果摔了一身泥；去超市买东西，还没交钱就开吃……我最忘不了那件有些幼稚可笑的事，这要追溯到我四五岁的时候……

那时的我非常喜欢吃花生米。妈妈一有空便帮我剥，我就欢天喜地地吃。一次，我又吃了起来。"哎呀，要是我有两个嘴巴，就能吃更多的花生米了！"我这个小小吃货感叹道。"还有什么能像嘴巴一样吃东西呢？眼睛？耳朵？鼻子？对了！鼻子不是有两个孔吗？虽然小，但有像嘴巴那样的口呀！"于是我忙不迭地一边嚼着花生米，一边伸手，抓起一把花生米准备往鼻子里送。正要塞到鼻子里，我又停了下来：鼻子真的和嘴巴一样能吃花生吗？——鼻子不能听，鼻子不能看，鼻子可以闻。嘿，我一拍脑门咧开嘴笑了，闻还不是为了吃！肯定可以！

那停在半空中的手又动了起来，我把花生米放在沙发上，开始行动了。我抓起一颗花生米，对它笑了笑，便小心翼翼地往鼻孔送，慢慢地、轻轻地往里塞。这可不能被妈妈发现了！要是被发现，我的计划就没了！我睁大眼睛偷偷看了看妈妈，妈妈正带着微笑一边看电视一边给

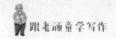

我剥花生呢！

我舒出一口长气，一用力把花生米塞进了鼻子里。

耶！成功了！可刚塞进去，我就愣住了，感觉什么东西堵住了鼻孔，既吸不进去，又呼不出来。我咳了咳，想把它咳出来，也不行。妈妈听到动静看了我一眼，我慌了起来，赶紧转了身，假装在沙发上若无其事地摸来摸去，妈妈又转过头看电视。这时我觉得更难受了，似乎呼吸不听使唤，开始大口大口地喘气，我本能地用手去挤鼻子。这才明白：原来是花生米堵在鼻孔里根本吃不进肚子里！鼻子不能吃东西！

我害怕地使劲挤，可怎么也挤不出来。这时我感到全身上下都在发抖，呼吸更加困难了，一种莫名的恐惧从内心散开，迅速布满全身，汹涌澎湃地将我包裹起来。我忐忑不安，全身压力渐渐凝聚在一起——"哇——我要死了——"我放声大哭。

妈妈吓得从沙发上跳起来，转过身皱紧眉头，抱着我左看右瞧，焦急地问："怎么啦？"

"我……我把花……花生米塞进……鼻子里了！"我结结巴巴地说着，然后继续号啕大哭。

"宝贝，别紧张！用鼻子使劲呼气！"妈妈一边将我像小鸡一样倒提着，一边"砰砰砰"使劲拍我的后背。

我也顾不得痛，闭着眼，拼了命地向外呼气，慢慢感到一个大大的东西即将要喷出来。过了一会儿，只听见"咚"的一声，我睁开眼——那被鼻涕包着的花生米正掺和着泪水躺在桌子上呢！

之后，我知道了：鼻子不是用来吃东西的，是用来呼吸的，它很重要！唉，这"趣事"，可都是贪吃惹的祸！

 老顽童来评点

同学们，在被小作者的天真逗乐的同时，我们也要关注这篇文章的结构之美。小作者的文章开头直言这是一件幼稚可笑的事，文章的结尾一语道出都是贪吃惹的祸，主体部分充实饱满，按照事情发展的顺序将整件事的来龙去脉交代得明明白白，语言生动形象，再现了当时的画面。整篇文章结构匀称，内容翔实。

 老顽童的小练笔

同学们，你上过的哪一节课令你印象深刻？谁说了什么、做了什么让你不能忘怀？把当时的情景记录下来，跟小伙伴们分享吧！

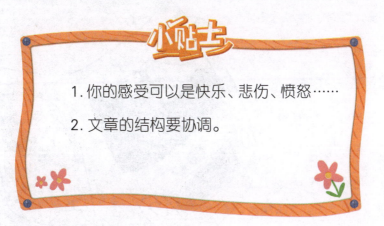

小贴士

1. 你的感受可以是快乐、悲伤、愤怒……
2. 文章的结构要协调。

第十一课 起如爆竹 先声夺人

　　暑假里，老顽童特意带着儿子去大山深处走访实践。实践的目的很清楚，让生活在大城市的儿子看看乡村里的人怎么生活，希望通过这样的对比，让儿子得到一点启示，珍惜自己优越的生活、学习条件。

　　他们来到一个十分偏僻的乡村住了几天。回城路上，老顽童问儿子："这次在乡村，你觉得怎么样呀？"

　　"非常好，爸爸。"

　　老顽童一愣，接着引导："和我们在城市里的生活条件相比较，你觉得乡村里的生活怎么样？"

　　"喔，爸爸，棒极了！"儿子兴奋地回答道，"我们家只养了一只猫，他们家却有一群；我们的小区里只有一个不大的游泳池，他们屋子旁边

有一条清澈见底的小河；我们小区只有绿化带里种了植物，哇，他们房前屋后，全是果林……"

老顽童看着兴奋不已的儿子，无话可说了。

故事中的智慧

故事的开头这样写："暑假里，老顽童特意带着儿子去大山深处走访实践。实践的目的很清楚，让生活在大城市的儿子看看乡村里的人怎么生活，希望通过这样的对比，让儿子得到一点启示，珍惜自己优越的生活、学习条件。"短短两三句话把这个故事的人物和事情的起因讲得一清二楚。

俗话说"万事开头难"，作文开头尤其难，不知难倒了多少同学。写作文时，许多同学写完题目就呆坐在那里，咬铅笔头、咬橡皮、咬手指头，就是写不出这打头的第一句。就好像第一句是一道水坝，把那一江春水都死死拦住，没有办法汹涌澎湃。怎样的开头吸引人，写好文章的开头有些什么方法？别着急，老顽童来帮忙。

一、夺人眼球

文章开头就是文章的开端，"良好的开端是成功的一半"，一篇文章的开头很重要。

同学们有唱歌的经验吧，唱歌起调子十分重要，如果调子起高了，唱到一半就唱不上去了；调子起低了，就会把嗓子压得出不了声，这

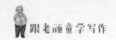

歌当然也就没法唱了。唱歌起调子这样重要，同样，文章写开头也很重要。对作者来说，文章开头没有开好，写下去就不顺当；对读者来说，开头不吸引人，往往不愿读下去。

好的开头是什么样？有人形容开头如"凤头"，凤凰的头小巧美丽，作文的开头要像凤凰头一样精致简洁。还有的人说："起句当如爆竹。"也是说，好的文章开头要像放爆竹一样，"啪"的一声，响亮有力，引人注目。好的开头就是要：先声夺人，引人入胜，使人读了心里一震，产生强烈的阅读兴趣。

写好开头有些什么方法呢？常见的开头方法基本上有两种类型，一种是直接入题，这叫作"开门见山"；另一种是间接入题，就好似"曲径通幽"。

二、开门见山

一开头就直接进入主题，也就是通常所说的"开门见山"。就是在一开头就交代事情发生的时间、地点、人物、事情的起因等要素，先用简洁的话说一说全文的主要事情或情节，让人一看就知道要讲什么。

看到这儿，有同学就乐了，"看门见山"我们早就会了，不就是一开头就讲清楚：谁在哪里做什么吗？这也太平常了！别急！优秀的记叙文开头从来不会平铺直叙，"开门见山"还会变身术呢。

比如变得"文质彬彬"——开头引用诗文，起到突显中心的作用。用大家耳熟能详的诗句呀、名言警句呀开头，既能激发读者兴趣，也能提高文章的品位；同时，也能揭示文章的主要内容，表现文章的中心。

再比如变得"含情脉脉"——开头使用抒情议论的方法，奠定整篇文章的基调。用直接抒发感情、发表想法的句子做文章的开头，可以起到总领全文、感染读者、点明中心的作用。

三、曲径通幽

这是指间接进入主题。就好像小路弯弯曲曲，经过幽深僻静的地方，再将你带入远处，这和阳关大道，一通到底不一样，另有一番味道。这种类型的开头，先要做些铺垫。常用的开头方法有这些：

写景状物，渲染氛围。就是在文章的开头，不先交代文章要记叙的人物、事件、中心，而是先描写一下事情发生的环境，这样既渲染当时的气氛，又能让读者沉浸到情景中，产生阅读兴趣。我们学习的《小英雄雨来》一开头就描写了怀乡河美丽的风景，正是因为家乡的美，让人眷恋让人热爱，不容敌人侵犯，所以才有雨来为了保卫自己的家乡与敌人做英勇的斗争。

设置悬念，吸引读者。在文章的一开始就设置疑问，能吸引读者往下看，让读者找出答案或在文章后面点出问题的答案，这样可以激发读者想知道答案的好奇心，吸引读者往下阅读。

虽说"起如爆竹，先声夺人"，但只要同学们掌握了开头的方法，相信大家可以轻松开头，下笔有神，势如破竹。

有智慧的作文

童年的盐汽水

曹昕弈

　　童年，是一杯清爽的柠檬水，充满着阳光活力；童年，是一杯美味的香草奶昔，每一口都香甜无比；在我看来，童年，还是一杯咸咸的盐汽水，包含着奇思妙想，每次回忆起，都还是那样的有趣。

　　那是七八岁的事儿了……

　　一个阳光明媚的春天，爸爸带着我来到一家西餐厅。我们找了一个靠窗的位置坐了下来，点完餐后，爸爸就靠着座椅开始打盹儿。

　　午后的阳光，伴着餐厅里的轻音乐和人们小声地交谈声，一切都是那么惬意，那么舒适，让人昏昏欲睡。不过我并不想睡觉，我只是想干点儿好玩的事儿。忽然，我的目光定在了一个装满白色颗粒的透明罐子上，"哈哈，糖！"我的脑子里蹦出了一个不可思议的想法：我要往柠檬水里加糖，一直加，一直加，把它变成世界上最甜最甜的汽水！我的嘴角往上扬，眼睛里散发着从未有过的自信：等爸爸醒来，我一定第一时间拿给他喝！说干就干，我开始放糖，已经倒了好多，搅拌几下，总觉得还是不够多。就这样，一直地倒……

　　倒了好一会儿，我准备尝尝。杯里的水咕噜咕噜地冒泡，既像女巫的魔水，又像一杯沸腾的开水。会是什么样子的汽水呢？是甜得发腻？甜得冲鼻？还是甜得……在好奇心的驱使下，我的嘴不由自主地伸向玻璃杯。

我带着满心的期待抿了一小口。"哇！"一口水从我嘴里喷了出来。这哪是什么糖水啊，分明就是一杯咸得不能再咸的盐汽水嘛！怎么回事？我望着那杯"盐汽水"，心里想：莫非那不是糖，是盐？不可能吧！

就在这时，爸爸也从睡梦中惊醒过来，问我："怎么啦？"

我举起玻璃杯，指着它说："来，快来尝尝这最最奇葩的水！"

爸爸有些犹豫地接过了杯子。

"小口点，爸爸，千万别喝多！"

"嗯？"爸爸抿了一小口，眉头马上皱成了一团儿，嘴角流出盐水，整张脸都绷紧起来，"天哪！"

"怎么样？"我笑着问。

"这是什么啊？"爸爸艰难地吞着唾沫，目瞪口呆地问。

"盐汽水，刺激吧？"我把整件事情的经过说了一遍。

爸爸听了哭笑不得："那是盐啊！"

回到家，爸爸将我带到厨房，指着一种白色微小的颗粒说："这是糖。"再指向一种更细一些的颗粒道："这是盐。"虽然还是有些迷糊，但我终于知道了：糖更大些。

那杯盐汽水里不仅装着盐和水，还装着我那颗充满好奇的童心。其实每一个人都有一杯盐汽水，里面装着奇思妙想、装着童年、装着一颗好奇的心。

 老顽童来评点

同学们，这篇文章的开头连用三个比喻，想必勾起了你的味蕾对各种滋味的回忆。小作者开门见山，直言心中所想，点明文章中心，也引出了自己童年的故事。为什么童年在小作者的心中是盐汽水呢？它包含了哪些奇思妙想？它如何有趣？你一定跟老顽童一样感兴趣。能够吸引读者的开头就是好开头！

老顽童的小练笔

同学们，你曾经背着大人做过什么事吗？你为什么这么做？你是怎么做的？当时心情如何？结果如何？有没有被发现？快跟老顽童说一说吧！

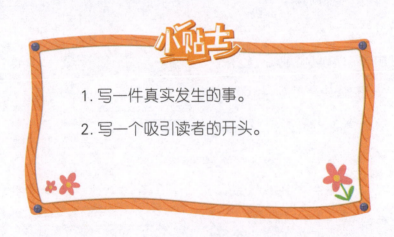

小贴士

1. 写一件真实发生的事。
2. 写一个吸引读者的开头。

第十二课 收如撞钟 余音绵长

 老顽童的故事：不忍心

老顽童小时候，是个心地善良的孩子，大家叫他小顽童。

这天，一位新老师来到小顽童的班上，想给全班同学一个下马威。

于是，刚上课时他对班上的学生说："认为自己是愚蠢的人请站起来。"

同学们面面相觑。

约莫过了一会儿，小顽童站了起来。

老师欣喜地问"小顽童，你认为你是愚蠢的人？"

"不，老师，我并不愚蠢。我只是不忍心看您一个人站在那里。"

071

故事中的智慧

同学们，读到故事的最后"我只是不忍心看您一个人站在那里"，你是不是恍然大悟，明白了这个故事是在讽刺老师戏弄学生的行为才是愚蠢的。瞧，一个好的结尾，尽管只有一句话，却能点明主旨，胜过千言万语。

俗话说"编筐编篓，重在收口；描龙画凤，难在点睛"，可见文章结尾的重要性。什么样的结尾好，如何写好文章的结尾，这也是同学们应该学习的写作方法。

一、收如撞钟

怎样的结尾才是好的结尾呢？叶圣陶爷爷说过，结尾应当"使读者好像嚼橄榄，已经咽下去而嘴里还有余味，又好像听音乐，已经到了末拍而耳朵里还有余音，那才是好的结尾"。所以好的结尾应该是"言有尽，意无穷"。

有人把结尾比作"豹尾"，豹的尾巴非常有力，文章的结尾就应该像豹尾一样雄健有力，表现力强。不能"画蛇添足"啰里啰唆；也不能"虎头蛇尾"，要表达的意思还没有写完，就匆匆收笔。好的结尾还应该精简有力地揭示主旨。

二、力截奔马

有的结尾刚劲有力，就像突然截住正在奔跑的骏马，戛然而止，显得气势恢宏，起到了总结全文、点明中心的作用。具体的一些方法，老顽童与同学们一起分享：

自然收尾，水到渠成。所谓自然收尾，是指把文章内容表达完了之后，自然而然地结束全文，以事情的终结做结尾，干净利落。例如《飞夺泸定桥》："红军的主力渡过了天险大渡河，浩浩荡荡地奔赴抗日的最前线。"这样的结尾一般用于叙事，结局明确。

卒章显志，画龙点睛。这种结尾方式，是指在文章结束时，根据全文的内容，运用简洁的语言，把中心思想明确地表达出来。如《养花》一课结尾："有喜有忧，有笑有泪，有花有果，有香有色，既须劳动，又长见识，这就是养花的乐趣。"

首尾呼应，凸显主旨。首尾遥相呼应，结构完整，浑然一体，能唤起读者心灵上的共振。请看《十六年前的回忆》的开头和结尾，开头："1927年4月28日，我永远忘不了那一天。"结尾："我低声对母亲说：'妈，昨天是4月28日。'母亲微微点了一下头。"

三、委婉含蓄

有的结尾则"当如撞钟，清音有余"。就是说结尾还可以自然结束，含而不露，给人耐人寻味的感受。具体的方法有：

巧妙发问，引人深思。结尾以发问的形式提出问题，启发读者思考，具有感染、强调的作用，可谓言有尽而意无穷。如，有同学这样写《我的语文老师》结尾：难道我的语文老师不是一个称职的好老师吗？你见过这样的老师吗？

景物烘托，情景合一。采用描写景物结尾，如同欣赏一支优美

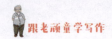

的乐曲，乐曲结束了但余音缭绕，给人留下无穷的韵味。例如《雨季》的结尾："雨停了，阳光放射出温柔的光芒，天空中出现了彩虹，犹如一座七彩的桥架在天宇，我的心也变得纯洁、明净。"

含蓄深刻，余味无穷。含蓄的结尾，就是把要说的话、表达的真情隐藏起来，使文章结尾留有空白，常采用比喻、象征手法，给人留下无穷的想象余地。如《挑山工》一文的结尾："从泰山回来，我画了一幅画——在陡直的似乎没有尽头的山道上，一个穿红背心的挑山工给肩头的重物压弯了腰，他一步一步向上登攀。这幅画一直挂在我的书桌前，多年来不曾换掉，因为我需要它。"

结尾的方法很多，但是不论哪种结尾的方式，都应当做到简洁、含蓄、自然，给人留下深刻的印象。

 有智慧的作文

卞思予

哲学家苏格拉底曾说过："世界上最快乐的事，莫过于为理想而奋斗。"每个人都有自己的理想，并一直朝着这个目标奋斗着，这的确是一件快乐的事情。我也有自己的理想——当一名教书育人的老师。

小时候我觉得老师能够管得住学生，十分威风。随着我渐渐长大，

才了解到当老师可不轻松，需要有渊博的知识传授给学生，还需要高远的志向引导学生，照亮他们人生的道路。老师如春蚕一般为学生无私奉献，我愿意长大后成为一名受人尊敬的老师，培养祖国的花朵。

"现实是此岸，理想是彼岸，中间隔着湍急的河流，行动则是架在河上的桥梁。"这句话是俄罗斯的寓言家罗雷洛夫的名言。为了实现成为老师的理想，课堂上，我不断努力，好好学习，认真听老师讲课，汲取经验，留意老师的授课方法及教学思路。在课外，我阅读大量的书籍与报刊，注意积累写作方法并及时运用、实践这些方法，除此以外我还积极将自己的文章投稿发表。假期里我会和家人出游，去看看外面的世界，丰富自己的阅历，开拓自己的视野。

教师是一个奉献的职业，就如诗人李商隐所说的："春蚕到死丝方尽，蜡炬成灰泪始干。"虽然默默无闻，但是责任重大。假如我以后真的成为一名老师，我一定要好好教导学生，做好老师的本分，给他们知识，给他们温暖，给他们爱。如果今后我成为老师，我一定会耐心帮助班上的"后进生"，让他们的成绩渐渐提高，以后遇到难题能够应对自如。

"果实的事业是尊贵的，花的事业是甜美的，但还是让我在默默献身的阴影里做叶的事业吧。"这一刻，我仿佛看到自己站在讲台上声情并茂地讲课，同学们如痴如醉地听着……

 老顽童来评点

同学们，这篇文章的结尾让你有什么感触？前一刻，我们还在小作者的理想中畅游，欣赏她描绘的理想蓝图。后一秒，文章的结尾让我们意犹未尽，回味无穷。相信许多读者由此开始想象课堂上的画面。小作者这篇文章的结尾，不仅自然流畅，还余味无穷。比喻的运用恰到好处，犹如一首美妙的歌儿。相信此刻的你，胸中已有写出优秀结尾的秘诀了。

 老顽童的小练笔

同学们，你理想中的职业是什么？为什么你想从事这个行业？你打算做些什么为将来从事这个职业打基础？等你从事了这项职业，你会怎么做呢？老顽童期待你们的分享哟！

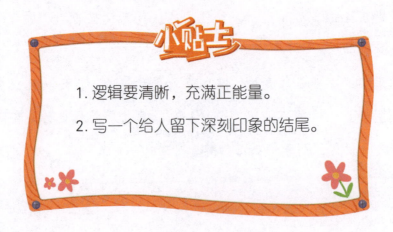

小贴士

1. 逻辑要清晰，充满正能量。
2. 写一个给人留下深刻印象的结尾。

第十三课 巧设悬念 制造波澜

 老顽童的故事：配了药干吗不吃

老顽童曾经当过医生。一次，一个想要减肥又不想运动的肥胖病人来找老顽童医治。老顽童认真地检查了一遍，说："我给你开了一大包帮助减肥的药片……"

病人听了，喜形于色，连忙询问服用药片的方法。

老顽童说："这些药，每天使用三次，每次全部使用！"

"啊——"病人瞪大了眼睛说，"每次全部使用？老顽童，你不是要我的命吧！"

老顽童一本正经地说："我不要你吃这些药片，只要求你把药从瓶子里倒在地上，然后立即一颗一颗从地上捡回瓶子里。每天三次。"

"我还是不明白……配了这些药干吗不让吃？"病人嘟嘟囔囔地唠叨着。

"要减肥，管住嘴，迈开腿。别老想着吃，动起来才是真理。"老顽童笑呵呵地说。

故事中的智慧

同学们，读到《配了药干吗不吃》这个故事题目，你的头脑中是不是跑出了无数个小问号，禁不住要看看这个故事，一探究竟呢？瞧，题目中设置了悬念，是不是很吸引人？其实，不但题目中可以设置悬念，故事情节中也可以，因为悬念的设置更能将故事讲得跌宕起伏，曲折有趣。

文章切忌一潭死水毫无变化，写成流水账。"文似看山不喜平"，写文章就要善于兴起波涛。波涛的波峰与波谷落差越大，波澜起伏就越大，给人的冲击也就越大。那"兴波"之法仅仅是把故事的高潮写得好、把情节的"高峰"推得更高吗？这倒未必。"兴波"之前先"蓄势"，有时更能以小搏大，甚至掀起滔天巨浪。就像打拳，拳头直直地打出去，打得再重也没有多少力道；可是，出拳前先把拳头往回收一收，蓄积力量猛然出拳，拳头挥动的距离长，产生的力量会更大！"兴波"之前必须蓄势，而制造悬念就是一种重要的蓄势方法。怎样设置悬念呢？

一、题目设疑，期待阅读

大家常说"题好一半文"，足见题目的重要性。文章的标题犹如人的眼睛，好题目往往能画龙点睛，顾盼生辉。在标题中设置悬念，是吸引读者，引起阅读期待的好办法。

例如我们学过的课文《我是什么》《我变成了一棵树》，读到这些题目，同学们，是不是在头脑中产生出一个又一个的疑问。《我是什么》以问题为题目，让人疑惑不解，自己怎么会不知道"我是什么"呢？读到这个题目，你是不是一下子就产生了一探究竟的好奇心呢？再看《我变成了一棵树》，更是让人眼前一亮，心中一惊，什么？人也能变成树？变成树之后又会怎么样呢？会发生什么有趣的事情呢？相信同学们一定按捺不住内心的激动和疑惑，迫不及待地想读了吧！瞧呀，在题目中创设悬念，能在读者心中激起千层浪，极大地引起读者的好奇心，激发读者的阅读兴趣。

二、开头设疑，引起兴趣

老顽童就是一个善于设置悬念的高手。瞧，故事一开头，病人因肥胖求诊，老顽童却说："这些药，每天使用三次，每次全部使用！"这样奇怪的药方让人大跌眼镜，所有的药一次用完？这是哪门子庸医呀！不但如此，老顽童还开出了用药方法："把药从瓶子里倒在地上，然后立即一颗一颗从地上捡回瓶子里。每天三次。"多么奇特甚至荒唐的治疗方式呀！故事的一开头就给出了特别的诊断、特别的药方，立刻让读者疑惑不解，把读者的心给"悬"起来了，就好像在文章的一开头就打了一个大大的"结"，让读者不解不快，情不自禁地想读下去，期待解开这个疑惑的"结"。读者的好奇心越强，所蓄积的期待的心理力量就越大，这不就能更好地为故事的高潮和结局造势渲染，层层

铺垫吗?

三、篇末解疑,恍然大悟

当疑惑期待蓄积到一定程度时,读者随着故事的情节步步接近目标,情绪随着情节的变化而变化,疑惑到达了不解不快的极点时,篇末陡然将答案揭晓。这就如堤坝蓄积的洪流,蓄势到最大量后,突然打开闸门、一泻千里、势不可挡。读者阅读这样一波三折的情节,在好奇心得以满足的释放中恍然大悟,获得极大的阅读快感。就如《配了药干吗不吃》这则故事,最后老顽童才说出真正的原因:"要减肥,管住嘴,迈开腿。别老想着吃,动起来才是真理。"读到这儿,所有的疑惑解决了,我们也不得不为老顽童的聪慧机智叹服。如果把这个原因放在文章的开头,还会激发我们阅读的好奇心吗?

写作时,善于制造悬念,文章的情节就会更加波澜起伏、富于变化。同学们,这样的方法我们可以多多使用。

黄文岳

四年级时我与戴川乐成了同桌。当时我只注意到他个子很高,身体健壮,凭感觉认为这个人应该是傻大个,也许还很爱欺负小个子同学吧!

我一直谨慎地跟他交往，直到有一次，我和他一起在学校走廊上聊天、散步，突然看见一个五年级的同学在走廊上迅速地奔跑，重重地撞到一个低年级的小朋友。只听见"砰"的一声，两人同时摔倒了。小朋友被撞倒后，坐在地上号啕大哭。五年级的同学站起来大声地对小弟弟呵斥："你为什么走路不长眼睛，害我摔得屁股痛得要命！"小弟弟可能被撞得很疼，又被那位同学严厉的声调给吓坏了，哭得更凶了。五年级的同学仍在叫嚣着，戴川乐一个箭步冲过去，双手张开，护住小弟弟。五年级的同学抬头一看，只见戴川乐身材高大，一脸威严，吓得一愣，往后退了几步，忙不迭地对戴川乐说："兄弟，咱们后会有期！"说完，撒腿就要跑，戴川乐快速出手，一把抓住了那位同学，拉扯着把他送到了德育处。我在一旁暗暗佩服。

　　记得有一次上自习课，老师让我们做作业，我和戴川乐不约而同地拿出了数学作业。这次的数学作业，我还有几个知识点没有弄懂。就在我抱着头，望着天花板，冥思苦想时，戴川乐对我说："你有哪道题不会做，我来教你！"说完，他便热心地拿起我的作业，一题一题地给我讲解。我的心中顿时升起了一股暖流。在戴川乐耐心的讲解下，我终于把作业做完了。这时，下课铃声响了，我看到戴川乐为了教我做题，讲得口干舌燥，满脸是汗，而自己的本子上却一个字也没有写，心想：戴川乐这个朋友太值得交了。

　　现在,我和戴川乐成了并肩作战的好兄弟。我们之间还有一个约定: 我们会互相帮助，共同进步！

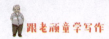

 老顽童来评点

同学们，看到这个题目你会产生什么联想？大个子身强体壮，大个子会帮助同学还是捣乱，小作者喜欢这个同桌吗……让你产生阅读期待，带着问题阅读，这就是题目设疑了。从小作者的视角来看，这个大个子同学应该是个爱欺负人的傻大个。你想不想知道大个子怎么欺负人，到底有多傻？第一段起的作用就是开头设疑。瞧，每次事件的结果是不是都出乎你的意料？小作者在每个事件的结尾都为读者解疑，大个子同桌善良仗义的形象更加深入人心了！小作者的这篇文章可以称得上是巧设悬念的好作品。

 老顽童的小练笔

同学们，你有这样的经历吗？受到某件事的启发，你对一个人或一件事的态度发生了转变。快动笔写一写你的经历吧！

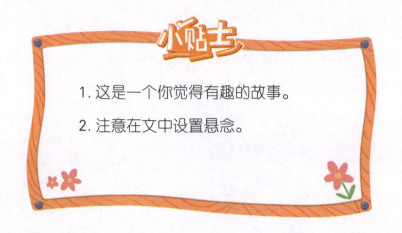

小贴士

1. 这是一个你觉得有趣的故事。

2. 注意在文中设置悬念。

第十四课 合理分段 秀出身材

老顽童的故事：没有腰

只要老婆大人不在，老顽童就喜欢指使儿子干这干那。这不，周末老婆去逛街，出门时交代老顽童要好好打扫房间。

"是，老婆大人，保证把房子打扫得焕然一新。"老顽童连连承诺。

可老婆刚一出门，老顽童就指使儿子做这做那。儿子累得坐在地上直喘气。

"儿子，你怎么坐下啦？快帮老爸打扫房间吧！"老顽童说。

"爸爸，我的腰疼得不行啦，让我休息一会儿吧！"

"小孩子家哪来的腰！别偷懒，快帮我做卫生。"

儿子不得不继续帮老顽童，直到收工。此时

的儿子早已累得说不出话了。

过了几天，爸爸爬到家门口的一棵大树上修理树枝，叫儿子把锯子拿出来。过了几分钟，儿子才慢悠悠地从屋子里走出来说："爸爸，家里没有锯子啊。"

爸爸见儿子腰间别着锯子，怒斥道："瞎说！看看你腰间别的是什么！"

儿子委屈地说："爸爸，您前几天还说小孩子家没有腰的。我哪有腰啊？"

同学们，"小孩子家哪儿来的腰"这句话，是不是经常听大人们说呢？哈哈，这可真没说错！小朋友们的身体上下一般粗，肉嘟嘟、圆滚滚，腆着一个小肚子，的确没有腰！这就是孩子的可爱之处，让人看了不禁疼爱呀！可要是作文的"身材"也这样，那就不可爱了。

什么，作文也有身材？对呀，作文的"身材"要靠段落来表现。初学习作的小朋友常常写出以下几种身材的作文：

一、水桶腰

从头到尾只有一个自然段。那作文真是"密不透风""漆黑一团"，如一只上下一般粗的巨大水桶，给读者结结实实地砸过来！同学们能想到，读到这样的作文，读者是怎么样的感受吗？唉，因为没有段落形成的自然停顿，一口气读完，那真是上气不接下气、头昏脑胀，快要"气绝身亡"啦！这样的作文杀伤力实在太可怕，同学们可不能这样写。

故事中的智慧

二、大肚腩

也就是常用的"老三段"：开头、中间、结尾各一个自然段。虽然这样的段落结构比起"水桶腰"好了些，但还是不够美观。你看，开头一段一句话，就像一个人长了一个小脑袋；结尾一段一句话，就像长着一截小短腿；中间的大段记叙挤在一个自然段中，就像挺着一个巨大的啤酒肚。这样的身材：小脑袋、没脖子、大肚子、小短腿，唉，多难看呀！再说了，这样的作文读起来也还是累，要读好久好久才能停下来喘口气，谁愿意读呢？

那，怎么做才能使作文的"身材"美呢？会分段，安排好段落，作文的"身材"才美。

三、好身材

同学们听妈妈说得最多的话是什么？"我要减肥！"哈哈，妈妈们都希望拥有模特般的好身材："小V脸""天鹅颈""A4腰""大长腿"……总之呢，匀称的身材才是大家喜爱的好身材。同样，文章身材要好也得匀称。分段匀称就是指段落的长短要大体均衡：不能段落过多，这样会太零散；也不能段落过长，一段到底，这样容易使读者疲劳。

如果文章内容较为复杂、丰富，就应该分为几个自然段来写，不要挤在一个段落里。那么，作文应该怎么分段呢？其实有个最简单的方法：一个较为完整独立的意思就分一段。通常分段有以下一些小窍门：

第一，以空间的变化为标准。在一些介绍景物、参观游览、游记等习作中，我们可以按照空间的变化来安排段落。比如介绍校园，可

以按照参观游览的顺序：校门、操场、花园、教学楼……每一个部分各自成为一个独立的自然段，文章的脉络、结构不就很清楚了吗？

第二，以时间的顺序为标准。我们还可以依照时间的顺序给文章分段，例如《美丽的小兴安岭》一文，就是按照小兴安岭春、夏、秋、冬，四个不同的季节介绍小兴安岭美丽的景色。

第三，以事情的顺序为标准。在记叙事情的习作中，我们也可以按事情的起因、经过、高潮、结果来划分段落。这样事情记叙得清楚，读者读来也一目了然。例如，课文《美丽的鹿角》就是按照事情的先后顺序来讲述的：水边饮水发现影子——欣赏美丽的鹿角——抱怨难看的鹿腿——被狮子追捕，鹿腿救命——明白道理。课文按照这样的顺序安排段落，每个内容独立成段，故事读起来也清楚明白。

总之，同学们，不要小看分段，不要以为只要把写的内容随便分成几行写出来就行。其实分段是思路的外在表现。思路清晰了，条理清楚了，构思明确了，分出的段落才匀称，作文的"身材"才好看。

 有智慧的作文

陈诣歆

"老鼠偷油"，这游戏大家再熟悉不过了吧？嘻嘻，今天下课我

们女生一起玩老鼠偷油。

　　游戏开始了，我是"猫"，"老鼠们"在"家里"围成一个圈，肩扣肩，似乎是在讨论一个阴谋。我想：她们的阴谋大概会是叫一只"老鼠"去吸引我，然后其他"老鼠"再去偷油吧！

　　果然如我所料，她们的确是叫一只"杨小鼠"出来，我便假装追着她，其他"老鼠"争先恐后地跑出来偷油了。我"扑哧"地笑了一声，趁"老鼠们"不注意，猛地一下扑了过去。可这时，"老鼠们"机灵地左闪右躲，统统跑回"家"里，一齐唱："啦啦啦啦啦，啦啦啦啦啦啦，没有办法，我们就是这么强大……"

　　我顿时满腔怒火，绝望至极。突然，我想起"杨小鼠"还在外面"游荡"呢！我可以把她抓到手，何况，她也是最肥的"老鼠"，应该很美味吧！

　　于是，我闪到一旁躲了起来。突然，一个穿着粉色衣服的女孩鬼鬼祟祟地跑了出来。哈哈，没错，就是她，那只我想抓的"老鼠"——"杨小鼠"！她看到了我，吓得魂飞魄散，还没来得及跑，就被我一把抓住了。我心里乐开了花儿，得意地笑道："真没想到这只'老鼠'这么好抓，现在我可以喝到美味的老鼠汤啦！我真是太机智了！嘿嘿！"

　　突然，上课铃声响了，大家一窝蜂地冲进教室，坐到位子上，相视而笑后，开始做课前准备了。

跟老顽童学写作

 老顽童来评点

　　同学们，小作者写的这个课间游戏大家一定不陌生。小作者按照事情发展的顺序，把游戏的过程呈现在我们眼前。每一个自然段围绕一个内容展开描写，游戏的开始、游戏的进行、"我"的想法、"我"抓住了"老鼠"、游戏结束。小作者这样分段，我们读起故事来不但轻松了，而且还能感受到游戏的快乐。

 老顽童的小练笔

　　同学们，文章的"好身材"全靠作者秀出来。校园是你最熟悉的地方吧！它有哪些特点呢？请你向大家介绍介绍自己的校园吧！

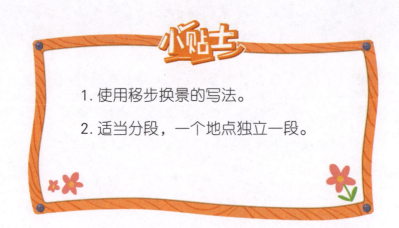

小贴士

1. 使用移步换景的写法。
2. 适当分段，一个地点独立一段。

第十五课 上挂下连 巧妙照应

 老顽童的故事：月亮回到空中了

晚上，小顽童在花园里玩耍。看到花园的水池里有一轮圆盘似的明月，他惊叫道："咦，月亮掉到水里啦！"接着，他找来桶放进池子里，准备救月亮。他一边打水，一边惊喜地发现："月亮被我装进桶里啦！"

正当他要把水桶提上来时，不小心滑了一跤，仰面躺在地上。小顽童看见月亮高挂在天空，不禁舒了一口气："哇，月亮总算被我捞出来，回到天空中啦！"

089

故事中的智慧

唉，聪明的小顽童也有糊涂的时候。他哪里知道井中的月亮、桶中的月亮，原本就是天上月亮的倒影呀。这不仅仅是因为小顽童不认识月亮的倒影，更重要的是小顽童不懂得欣赏。天上月、水中月、桶中月，互为照应，这是多美的情境，可惜不明就里的小顽童没有这样审美的眼光。

同学们，看，空中月、水中月、桶中月，三处"月"相互呼应，将天、地、水三者融为一体。写作时，也有这样的方法——照应，它是文章写作的一种重要的衔接方式。习作时合理运用照应的方法，能将文章前后的内容关联在一起，使文章结构严谨、主题突出。

如何在写作中使用照应呢，送给同学们三个小法宝：

一、首尾照应

就是让文章开头提到的内容与结尾相呼应，比如：开头交代起因，结尾告知结果；开头提出问题，结尾回答；开头抒发情感，结尾深化主题。

例如课文《夜莺的歌声》，开头这样写："夜莺的歌声打破了夏日的沉寂。这歌声停了一会儿，接着又用一股新的劲头唱起来。"

结尾与开头相照应："从孩子的嘴里飞出宛转的夜莺的歌声。这歌声，即使是听惯了鸟叫的人也觉察不出跟真夜莺的有什么两样。"

同学们，你瞧，课文的开头和结尾前后照应、首尾连贯：开头、结尾都讲了小男孩发出夜莺的歌声。开头夜莺的歌声，为后面"小夜莺"将敌人引入埋伏圈、用歌声传递情报埋下伏笔；结尾处夜莺的歌声，说明这是"小夜莺"又在执行新的任务，突出了"小夜莺"的机智勇敢和爱国主义精神。

这样写，使课文中的故事情节十分完整，好像一个首尾相连的圆一样，文章结构浑圆，融为一体。

二、前后照应

就是在文章写作中，前面写到的内容，后面要有交代；后面写到的问题，前面要埋下伏笔。

拿同学们最喜欢的《西游记》来说，作者在第七回《八卦炉中逃大圣》中交代了：悟空在八卦炉里被炼制了七七四十九天，打开八卦炉，悟空"将身一纵，跳出丹炉，忽喇的一声，蹬倒八卦炉，往外就走"。"蹬倒八卦炉"五个字，多么平淡无奇。

可是当我们读到第六十回，却不得不为作者的巧妙构思拍案叫绝。六十回讲了孙悟空来到火焰山，过不得山去，原来是自己五百年前大闹天宫，"蹬倒了丹炉，落了几个砖来，内有余火，到此处化为火焰山"。

读到此处，"火焰山"照应了"蹬倒八卦炉"，一伏一应，就像将前后内容用线连在一起，使文章内容紧密联系起来，结构更紧凑。

三、文题照应

顾名思义，就是文章的内容与标题相互照应，标题中明显的关键

词，文中有相应的文字，来照应标题。因为标题是文章"心灵的窗户"，写作时多次让文章内容与题目相照应，往往会使中心更加突出。

同学们，在写作时运用照应的方法，就像是用一根巧针和一条丝线将文章的内容上挂下连，针缝线缀。使得材料更紧密地联系起来，文章结构更紧凑，中心表达更鲜明，这样往往能起到以一当十的效果！

 有智慧的作文

刘纯溪

真诚是一种心灵的开放。

——题记

"吧嗒……吧嗒……"雨声轻敲着玻璃窗，雨点如一颗颗晶莹的流星，在空中划出一道道银色的线条，轻巧地坠落下来。随手拾起身边的那把蓝格雨伞，"啪——"的一声撑开，无意间目光瞥见了头顶的伞面，一排簇新的不锈钢龙骨在陈旧的伞面下，显得特别的醒目……

雨声、旧伞、闪烁着金属光泽的伞架，将我又带到那个骤雨突降的傍晚……

记得四年级时，我们班要表演节目，我和好朋友霖霖去订制服装，

回家的路上，天上突然下起了雨，一撑伞，却发现伞是坏的。好几根锈迹斑斑的龙骨已经折断，伞面没了支撑有气无力地耷拉下来。

正好，路旁有一块醒目的牌子，上面写着"修伞"。我们兴奋地跑过去，把伞拿给了修伞的老爷爷。老爷爷为伞做了一次全身检查，自信地说："放心吧！我能修好它！"

"能修好？"我看看他身边那只满是污垢的木箱，以及摊开散落一地破破烂烂的工具，心里有些迟疑。

老爷爷似乎看破了我的心思，放下了手中的工作，拿出工具箱，取下扳手，再拿出小螺丝、钉子……"扑哧"一声关上伞，"啪"将伞倒扣过来，"砰"的一下把伞放在腿上撑开，一手拿着扳手，一手拿着钉子，在伞中娴熟地穿行着。那只原本沾满油污、粗笨的手似乎中了魔法，变得异常灵巧，像一只苍劲有力、灵活敏捷的鹰隼在雨伞上来回穿梭：穿孔、打磨、穿针、拉线、缝合……伞中发出了"吧吧、叮叮、唑唑——"的声音。

"好了！""砰——噗——"一声，老爷爷撑开了伞。伞骨有力地向旁边撑开，将伞面绷得直直的，像一朵饱满的蘑菇。

我拿出一张皱巴巴的5元钱，正准备递过去。可没想到，爷爷却推开我的手，接过雨伞，关上伞架，又仔细地端详起来。"不行，不行，我再换一换……"

我心中一紧，"难道，是嫌钱少，还要多收我的钱？"记得上次我一个人去买炒栗子，狡猾的商贩看我是个小孩，不但将烂的栗子偷

放在里面，以次充好，还欺负我不识秤，多收了10元钱。老爷爷会不会为了多收钱，假装还没把伞修好，糊弄我呢？望着手中仅有的5元钱，我不知所措地看着他。

老爷爷又撑开伞，一边倒腾着手中的伞，一边对我说："你瞧，这伞上下不停地闪，是中间的主骨架坏了，这换下来可得好几十块，不划算，我给你想想办法。"说完他找出一节铁丝，用钳子一弯、一钩，加上一根皮筋，一扣。嘿，别说，伞面绷得直直的，再也不上下闪动了。

我接过伞，吞了口唾沫，吞吞吐吐地问："爷爷，多少钱？我……我……只有……"话还没说完，老爷爷爽朗地说道："5元。"

付了钱后，我还是不放心，把伞撑了起来。我发现老爷爷不仅修好了我的伞，连伞内的零件都帮我换成了新的。一股愧疚之情在心底涌起，我真不该怀疑老爷爷呀！

"吧嗒……吧嗒……"雨声轻敲着玻璃窗。雨滴声将我从沉思中惊醒。晶莹的雨珠顺着透明的玻璃悄无声息地滑落下来，在窗户上留下了一抹抹水印。蓝格雨伞里那一排簇新的不锈钢龙骨，和那一枚老爷爷弯出的铁丝扣，在陈旧的伞面下，显得特别的醒目……

老顽童来评点

同学们，小作者的作文就使用了首尾照应的方法。文章一开始使用了倒叙的方法，描写了雨中的景色，营造了一种静谧、回忆的氛围。

然后回忆老爷爷帮助我修伞的往事。结尾呼应开头，又描写了雨中的景致，使文章前后呼应、首尾相扣、结构完整，又营造了一种氛围。你们瞧，照应得巧妙的话，文章就很紧凑统一。写出首尾照应、前后照应、文题照应的作品并不难！

 老顽童的小练笔

同学们，你跟小伙伴们做游戏的时候发生过什么有趣的事吗？请你告诉我们这件趣事的来龙去脉吧！

小贴士

1. 写清楚为什么有趣。
2. 运用巧妙的照应手法。

第十六课　提纲挈领 纲举目张

夜晚，老顽童到邻居家做客，看见邻居在房间里焦急地找寻什么东西。

老顽童好奇地问道："你找什么呢？我能帮帮你吗？"

"我丢了钱包。"邻居头也不抬地回答。

"你把它丢在卧室，还是客厅了？"老顽童打算帮邻居一块儿找。

"不是，我把它丢在了房子外面的小区草地上了。"邻居又回答。

"啊？"老顽童惊奇地问，"那你为什么不到外面去找呢？"

"哎呀，老顽童，大家都说你聪明，可你怎么那么糊涂呀！"邻居不屑地说，"因为外面没有灯光呀！"

故事中的智慧

同学们，到底是邻居糊涂，还是老顽童糊涂？相信你一定会说：邻居糊涂。生活中常常有邻居这样的人，在错误的地方寻找想要的东西、在不必要的地方付出全部的精力，这都是因为选择错了目标。

做事之前要认准目标，按照计划行事，才会成功。写作文之前也要有目的，制定写作计划。写作文的计划就是列提纲。习作前列好提纲，更能保证文章立意高、命题新、选材精、结构明。磨刀不误砍柴工，给自己的文章规划好设计图，就会有事半功倍的收获。

一、什么是提纲

"纲"原指渔网上的总绳；"提纲"，就是提住渔网上的总绳。韩非子说："善张网者引其纲，不一一摄万目而后得，一一摄万目而后得，则是劳而难，引其纲而鱼已囊矣。"意思是"善于张网捕渔的人牵引渔网的总绳，如果一个一个地拨弄网眼去捕鱼，不但劳苦而且也难捕到鱼，牵引网上的总绳，鱼就会被网住了"。这些道理，完全可以用来说明列作文提纲的重要意义。列好提纲，能帮助我们克服写作时随心所欲、中心与材料不统一、段落条理不清楚、前后脱节等毛病。习作前列好提纲可以让我们对文章进行全面控制，这样就会心中有数，有条不紊。

二、怎样列提纲

作文提纲一般包含三部分内容：一是题目，二是中心，三是文章的结构。

1. 拟题目——拟定出文章的题目

题目是文章的窗口，它决定着文章的中心，是整个提纲的灵魂。所以一定要学会拟写作文的题目，从而确定所要表达的中心。列提纲前要把题目（或补充完整的题目）写在第一行正中间。

2. 炼主句——提炼出文章的主要内容和中心

中心决定着文章材料的选取，要围绕着中心来组织材料，这样文章才会有强烈的感染力。列提纲时要在题目下面，简要地写出这篇作文的主要内容及要表达的中心思想。

3. 布结构

这是提纲的主体，也是整篇作文的主要组成部分。在把握了主题的情况下，把与中心相关的事件一一罗列出来，然后按照材料与中心关系的大小，在所列事件的后面注明"详"或者是"略"，与中心关系不大的材料干脆删去。

三、重点排结构

结构安排，这是作文提纲最主要的部分，老顽童为大家带来了一个同学所列的提纲，请仔细看看。

> **难忘的一件事**
>
> 中心思想：通过记叙我忘带公交卡乘车，被司机和乘客嫌弃，一位陌生的叔叔帮我刷卡，我感受到微小的善举也能温暖人心，赞美了叔叔关心他人的品质。

结构安排：

- 一、我因快迟到忘了拿公交卡就赶到车站。（略）
- 二、陌生的叔叔帮助了我。
  - 1. 我发现一位叔叔手上有伤疤，把他当坏人。（次详）
  - 2. 上车发现没带公交卡。（略）
  - 3. 被司机和其他乘客嘲笑。（详）
  - 4. 手上有伤疤的叔叔主动帮助我。（详）
- 三、叔叔小小的善举让我感到温暖，至今记忆犹新。（略，点题）

看完这个提纲，大家是不是不用看作文都清楚作者要写什么了呢？这就是好提纲的作用——可以帮助我们整理思路，指导我们有条理地写作文。

安排文章的结构时，我们需要注意做到以下几点：

1. 定顺序。首先安排好材料的组织顺序，先写什么、后写什么，全文一共准备分为几大段，每段写什么，要以小标题的形式、按照一定的顺序把材料组织起来。（也就是列出文章的一级提纲）

2. 明详略。要依据表达中心的需要，确定出哪些内容是主要的、哪些内容是次要的，标明"详""略"的字样。

3. 理重点。确定好重点写的内容，重点段又打算分几层来写，先写哪层、后写哪层，具体列出准备重点写的步骤、次序。（也就是文章的二级提纲）

4. 想头尾。依据文章选用的材料及要表达的中心思想，确定好开头、结尾的方法，并在提纲中简单注明。

5.设方法。设计好文章的表达方式、表现手法。比如设计点题的时机及具体的方式方法；考虑好层次之间、段落之间该如何过渡，哪些内容需要照应、如何照应，也简单标注一下……

一份中心明确、框架清晰、层次分明的提纲，对于我们写作十分重要。愿同学们养成"不列提纲不作文"的好习惯，在自己写作文时有意识地进行列提纲的训练。

吴沛阳

早上，我因为赖床耽误了时间，掐着点出门，一路狂奔跑向公交车站。到了公交站，车还没来，我靠在站牌前大口喘着气。

就在这时，我的余光扫到了站在旁边的一位叔叔：黑黑的皮肤，浓密的眉毛，一双眼睛"露着凶光"，穿着短袖、短裤，最可怕的是他的左手臂上还有一道不算短的扭曲的疤痕！看到这儿，我吓了一大跳，老天！那得是干了什么才能留下那么长的伤痕啊。我立刻就把他列入了可疑人员的行列，然后唯恐避之不及地逃到了一边儿去。

等了一会儿，公交车来了，我随着等车的人流上了公交车。在临近刷卡机的时候，我把手往口袋里一摸，没有！我不甘心地又在口袋里掏了掏，还是没有！我努力回想早上出门时的情景，哦！想起来了，早上走得太匆忙，根本没带公交卡！我的心立刻凉了半截。

眼看着离刷卡机越来越近了，我脑海里飞快地想着办法，要不，我跟着人群混上车？我是个小孩，又比较瘦，应该不会被发现吧？

"喂！带卡了没？快点刷，不要挡着后面的人！没卡投钱，没钱下车！"就在这时，响亮的声音瞬间将我拉回现实，是司机！更可恶的是，他的音量很大，似乎要让全车人知道我没带卡。

因为这一声，全车人的视线都聚集到了我身上。冷漠，鄙夷，厌恶……刺过来的一道道锐利的目光让我又羞愧又尴尬，脸烫得好像要烧起来一样。怎么办？怎么办？如果下车再回家去拿公交卡肯定来不及，可我好像除了下车就没别的办法了，总不能厚着脸皮说已经刷过了吧，怎么办？

这时，一个声音响起："前面这个小姑娘跟我是一起的。"随着"嘀"的一声，有人帮我刷了卡！我扭头一看，天哪！竟然是那位被我认定为"坏蛋"的叔叔！不对，帮一个陌生小姑娘刷卡的叔叔肯定不是什么坏人！这么想着，我瞬间觉得叔叔左手臂上的疤痕顺眼多了。

事情已经过去很久了，但每当回想起来却依然历历在目。或许那位叔叔已经忘了自己曾帮助过一个没带公交卡而陷入窘境的小姑娘，或许这只是他的举手之劳。但我会永远记得他，记得他教给我的道理：生活中有许许多多需要帮助的人，有时候，即使是最微小的一点帮助，也可以温暖他人的心！

 老顽童来评点

美好的建筑始于图纸,写作提纲就是作文这座建筑的图纸。同学们,小作者的这份提纲内容简洁,中心明确,条理分明。文章的题目就是文章的中心。小作者要表现的温暖是什么样的呢?小作者举了一个详细的例子,让我们有了切身的体会。最后一段,再次点明文章中心,说明微小的帮助也能温暖人心,升华了主题。提纲跟文章是相辅相成的关系,你也可以试着列写作提纲哦!

 老顽童的小练笔

同学们,你身边的人对你的评价如何?试着采访你的亲朋好友,谈谈他们眼中的你是什么样的,他们对你有什么期待。记录下来,再说说你的感受,以及你打算怎么做。

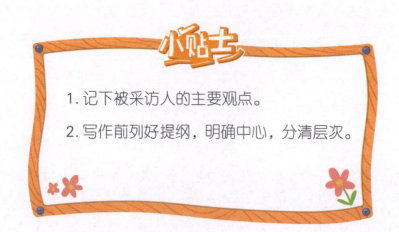

小贴士

1. 记下被采访人的主要观点。
2. 写作前列好提纲,明确中心,分清层次。

第十七课 文章节奏 快慢有序

老顽童的故事：着火了

老顽童还是学生的时候，有一次上课，老师强调说："同学们，你们在背诵的时候，要把每个字的读音讲清楚，不慌不急。这样，别人才会觉得你是个有教养的文化人。"

一天，老师弯下腰正要取东西的时候，衣服的下摆碰到蜡烛的火苗，烧了起来。小顽童看见了，慢吞吞地走到老师的背后，不慌不急地说："老师，您的衣服被火点着了，它正在燃烧。如果不及时扑灭的话，你的衣服将被烧坏……"

小顽童的话还没说完，火已将老师的衣服下摆烧成了灰烬。

📖 **故事中的智慧**

　　哈哈哈，同学们，看到"小顽童的话还没说完，火已将老师的衣服下摆烧成了灰烬"，是不是"脑补"出老师的窘态：穿着一件被火烧坏的衣服，双眼惊恐，一脸茫然。小顽童不是发现衣服着火，就按照老师的要求"不慌不急地把每个字音讲清楚"了吗，怎么又闯祸了？唉，错的不是小顽童没讲清楚，错的是小顽童讲话的"节奏"！背诵时"不慌不急"，这样的"节奏"利于体现自己的文化素养。可是，老师的衣服下摆着了火，"火烧眉毛"的紧急情况，还"不慌不急""慢吞吞"，这样的"节奏"可害死人呀！瞧，不同情况下说话做事的"节奏"应该不一样。同样，写作的时候也要注意文章"节奏"的快慢。

　　一、文章也要有节奏

　　老师常常把我们写得平铺直叙的作文叫作"流水账"。同学们一定有疑惑，作文怎么能和"流水"扯上关系呢？其实，多数情况下我们记叙故事，都是按照事情经过，从起因、经过、发展、结果一一写来。一件事物先怎样，后来怎样，结果怎样，是按照时间的顺序依次发展的，就好像流动的小河，只要把这些流动按顺序记录下来，就是记叙文。所以流动是记叙文的最大特点。

　　虽然都是流水，流动的方式可不可以不一样呢？比如，因为沟渠的宽度、深度一致，所以水渠里的水也就不缓不急，平平稳稳地流。

江河里的水就不一样了，时而潺湲缓慢，时而奔腾激越，时而惊涛拍岸。同学们，你会喜欢哪种流动的方式呢？估计大家都会选择后者吧？沟渠里水的流动毫无节奏变化，似一渠"死水"。而江河的澎湃才有大自然中应有的节奏，蓬勃着无穷的变化与生命力呀。

写作文呀，就应该打破一成不变的流水账，写出节奏，写出变化。可，怎么才能赋予文章节奏呢？

二、节奏就是有快慢

记叙故事时，让一些情节推进得快一点，让一些情节发展得慢一些，故事就有了节奏。

比如说《西游记》吧。孙悟空大闹天宫时间不长吧，只有短短的几天。作者却用了好几个章节写悟空如何大闹蟠桃会，如何醉盗仙丹，如何大战天兵天将，如何踢倒八卦炉练就火眼金睛，如何闯入南天门打上凌霄殿，如何赶走"玉帝老儿"，好不痛快淋漓，叫人拍手称快！

而书中写悟空被压在五指山下的五百年时间，只用三言两语一笔带过。是大闹天宫几天时间长，还是被压五指山下的五百年长？可写大闹天宫的几天时间，作者洋洋洒洒写了四个章节，数万文字；而写悟空被孤独地压在五指山下的五百年，只有几句。这就是情节的快慢，这就是节奏！

有了情节有意为之的"快"与"慢"的相互结合穿插，于是文章就有了起承转合，就有了快慢急缓，有了结构变化的灵动之美，

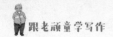

如同一首或激昂或舒缓的交响曲，节奏产生了格局的美！

三、节奏快慢如何做

知道了文章节奏的重要性，同学们一定还想知道，怎么把握节奏，才能确保不会像故事中的小顽童一样，踩错"节奏"，酿成大祸。

要想把握文章的节奏其实不难，只须认清一样——中心。和中心关系不大的，咱们就可以加快节奏，一笔带过，但求讲清楚过程即可，有时甚至可以把与中心关系不大的情节全都省掉，弃而不用。这种"不重要的内容一带而过的几笔"就是——记叙的方式。这样的方法能够让读者知道人物的经历或事物发展变化的概貌，推动情节的有序开展。

和中心关系密切的，就要放慢节奏，用足笔力细细描摹。在"突出主旨的地方形象地、具体地、详细地写"这就是——描写。描写能够把事物的状貌、神采和动作，具体、真切、饱含情意地勾画出来，让人可见、可闻、可触、可感，使读者产生置身其间的感觉。

使用了记叙的地方，简略地写，文章内容就流动得快；使用了描写的地方，写得详细，流动得就慢了，节奏就这样产生了。快慢就是详略，把不重要的部分略写，重要的部分详写，文章就有了抑扬顿挫，就有了轻重缓急。这样张弛有度、收放自如的文章就是有节奏的好文章。能写出节奏，文章不就破了"流水账"的平铺直叙了吗？

有智慧的作文

热情如火的足球月

苏心如

四月，阳光明媚；四月，充满激情；四月，是我们的足球月……

"嘟——"只听哨声吹响，操场上顿时沸腾起来了。"加油，加油！"我们使出了吃奶的劲儿，拼命地喊着。双方选手势均力敌，第一局过去了，谁都没有得分。第二局，我们调整阵容，决定与三班"决一死战"！

比赛开始了，三班的前锋先抢到球，我方球员将他重重包围。哪知他虚晃一招，突破重围，往球门跑去。那球也怪，不飞直线，偏飞曲线，像中了魔法一样与球门擦肩而过。幸运的是，球滚啊滚，落在了我们班的中锋身上，只见他敏捷迅速地将球运到球门处，不偏不倚地踢了进去。"太好了，太好了！"我们班啦啦队欢呼雀跃，喊声震天。

到了第三局，双方队员摩拳擦掌，个个精神十足。球先被我班的前锋抢走，他有着过人的技术，既像灵活的小兔子，又像勇猛的下山虎，直接把球运到球门——"砰！"只听一声巨响，球如流星般向球门右侧飞去，对方守门员一个奋力鱼跃，顺势倒在地上，竟把球牢牢抱在怀里，真是可惜！比赛瞬间进入死局状态，我们班虽有健壮有力的球员，但对方也有灵活过人的守门员，所以，第三局仍旧打平。

最终，一比零，我们班以一分之差赢得比赛。此时，太阳如火球般炙烤着大地，而我们的心里似乎有着比阳光更加灿烂的热情。

 老顽童来评点

　　小作者的这篇作文可是写出节奏的好典范。按照事情发展的顺序写出了一场足球赛的过程，这个过程像溪水一样，十分顺畅。在写对局过程的时候，抓住几个精彩的节点展开描写，不仅写出了人物的语言、动作、情绪，更让我们感受到赛场上紧张却愉快的气氛。精彩的部分详细写，让文章的节奏慢下来，吸引读者的眼球。不重要的部分不写或一笔带过，文章的节奏就快起来了。这样的文章，亮点鲜明，主次分明，十分精彩！

 老顽童的小练笔

　　同学们，写文章不仅要像流水一样顺畅，还要让"水流"有快慢的节奏变化。那么，请提起笔，写一场令你印象深刻的比赛吧！

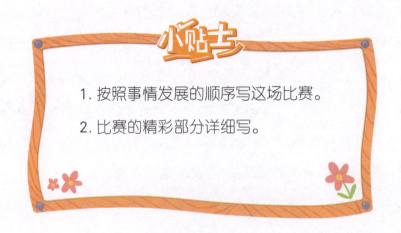

小贴士

1. 按照事情发展的顺序写这场比赛。
2. 比赛的精彩部分详细写。

第十八课 改变顺序 破流水账

 老顽童的故事：减速慢行

老顽童的儿子是个让老师头痛的小顽童。他家离学校并不远，但小顽童常常迟到。为这，老师、家长没有少责备他。可大家都没弄明白他总是迟到的原因。

这学期，小顽童的班上换了一个新班主任——壮壮老师。他对同学们要求比较严格，要求同学们要遵守学校规则，准时到校上课。第二天小顽童早早起了床，早早出了门，但当他到学校时，又迟到了。

壮壮老师不解地问："小顽童，第一节课，你就足足迟到了十分钟！为什么你又迟到了？"

"哦，老师，这不能怪我呀！"小顽童连忙说，"您看，每次我走到学校

前面的拐角处，就能看见那个地方的路标上写着'前方学校，减速慢行'！"

故事中的智慧

　　同学们，小顽童的回答，是不是让你哭笑不得？这个故事之所以吸引人，是因为文章是倒着写的，将事情的原因——小顽童看到"前方学校，减速慢行"放在最后，改变了情节的顺序，读起来更有趣。

　　如果按照正常的顺序，这则故事应该这样写：小顽童起了大早——小顽童看到路标"减速慢行"——小顽童慢慢走——小顽童迟到，受批评。如果这样写，是不是故事就没有这样有趣且吸引人了？

　　写作文的时候按照事情发展的先后顺序写，容易把事情讲清楚，但这也容易造成记流水账。怎么能打破"流水账"？改变情节的顺序是一种好方法。

一、改变顺序形成变化

　　刚刚学习写作文的同学们可以写点"流水账"，"流水账"好比写作的摇篮，可是同学们，我们不能总是躺在摇篮里，得走出来，学会更多的本领呀。那么，怎么才能打破"流水账"的叙述模式呢？改变叙述的顺序，是一种很好的方法。来听个故事：一位先生留学归来，在火车站等弟弟开车接自己回家。可是等来的却是驾着马车的老长工。

回去的路上，老长工与先生聊起了家常。

"家里的汽车呢？"

"昨天撞坏了。"

"怎么撞的？"

"二少爷开快车。"

"啊！他没事情吧？"

"在医院里急救。"

"他怎么这么莽撞呢？"

"怪不得二少爷，他要送老太爷去医院。"

"我父亲怎么啦？"

"他老人家突然得了心脏病。"

"怎么突然病了呢？"

"因为家里失火，房子都烧光了。"

故事中的老长工完全可以称得上心理疏导的专家，他将整个事情倒过来讲述，缓解了家里出大事可能会给"先生"造成的巨大打击。同时，正是把整个故事倒过来写，牵引着读者好奇地读下去，最后真相大白。试想，如果故事按照时间顺序，先写家里遭了火灾，再写老太爷急出病，二少爷送父亲去医院时撞车，最后写长工驾马车接"先生"，这个故事还会吸引人吗？

改变故事的顺序，同样的内容却可以使故事变得曲折跌宕、富有情趣。

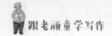
二、倒叙引人入胜

改变叙述顺序的方法有很多，倒叙是最常见的一种方法。什么是倒叙呢？简单地说就是：把后面发生的事移到前面来写，前面发生的事移到后面去写。

我们只要把时间顺序变动一下，把先发生的事情放在后面，后发生的事情放在前面，文章立刻就精彩了。比如，有人问牧师："祈祷的时候可不可以抽烟？"牧师坚决表示不可。这人又问："抽烟的时候可不可以祷告？"牧师却回答："可以。"都是一边祷告，一边吸烟，怎么得到不同的答案，秘密就在讲述的先后顺序上。

三、倒着这样讲故事

倒叙最大的优势是使作文的结构富有变化，情节错落起伏，从而使文章引人入胜，达到吸引读者的目的。如何倒着讲故事呢？老顽童给你几个小锦囊：1. 事件结果在前。《十六年前的回忆》中，作者李星华在第一自然段中先写了父亲李大钊的死对自己的感触很深，再写了父亲死的过程。在文章的开头就营造了一种深沉肃穆的情感氛围。2. 最精彩的部分在前，这样能设置悬念，一下便抓住读者的心，勾起读者的阅读欲望。

好文章在结构上有两个要求，一是清楚，二是有变化。合理改变叙述的顺序，即使简单的情节也可以变得波澜起伏，引人入胜。同学们，你学会了吗？

有智慧的作文

深夜的车灯

黄梁希

那盏在深夜里打开的车灯，一直明亮在我心中。

——题记

"滴答滴答"窗外的小雨淅淅沥沥地落着，望着漫天飞舞的雨丝，我又想起了那个下着小雨的夜晚，以及深夜中为我打开的车灯……

"终于下课了！"我们兴高采烈一窝蜂地冲出教室，好困啊！我揉揉眼睛，准备打一辆出租车回家。

我沿着路边走啊走……不知过了多久，一辆出租车也没找到。我无奈地拨通了电话："妈妈来接我嘛！""不行，我要值班，你自己打车回家！"我的话还没说完，妈妈就挂掉了电话。

大街上，行人越来越少，行人仿佛和我捉迷藏一般，我走哪一条街，哪一条街就没人。

我再也走不动了，便找了一把长椅坐下来休息。就在我沮丧不已时，前面突然亮起了车灯！"出租车！"我大声喊道。车停下来，我急忙上车，对司机说："康达园……"

车上的暖空调，让我昏昏欲睡。我瞥见司机的脸方方正正的，脸

113

上短短的胡茬，鼻子挺挺的，看起来严肃又和蔼。

不知过了多久，司机转过头来微笑着对我说："到了，小朋友，注意安全！"我点点头。

我一看窗外，不好，小区灯坏了，四周一片漆黑。我咽了口唾沫迫使自己下车，脚刚踏到地面，脊背上就一阵阵寒意袭来，手臂上鸡皮疙瘩倏地冒起来，恐惧蔓延到我的全身，我呆呆地站在那里一动不敢动。

正在我踟蹰不前时，突然，一束强烈的远光灯射了过来，把刚才的黑暗与恐惧驱赶走了。

我回头一看，原来出租车司机打开了远光灯，原本漆黑的小巷子立刻明亮了。我满怀感激地向他点点头，他什么也没说，微笑着看着我。我向前走，他开着灯跟着我走，直到把我送到单元楼的门口。我在楼梯口向他挥手感谢，他微笑着关灯，走了……

"轰隆——"一声雷鸣将我从回忆中惊醒，一切好像刚发生过一样，我感到心里暖暖的。那个不知名的叔叔，和他那为我点亮的车灯，一直辉映在我心中。那是我成长道路上的一颗闪亮的星，照亮我前行的路。

老顽童来评点

同学们，细心的你发现了吗？小作者黄同学在这篇文章中调整了叙述的顺序。"我"打车并且被出租车司机帮助的事发生在前，窗外下雨、小作者回忆往事在后，但是黄同学将两件事的顺序对调，使用倒叙的方法，渲染了气氛，设置了悬念，勾起了读者继续阅读、一探究竟的兴趣。这样的叙述方式可以快速将读者带入雨天的情境中，在一众开门见山的作文中显得与众不同。

 老顽童的小练笔

同学们，你可曾因为某个场景而突然想到某个人、某件事？请你描绘当时的场景，再告诉我们那个场景引发了你怎样的联想，好吗？

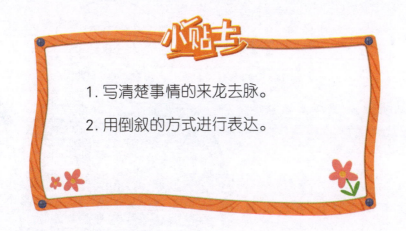

小贴士

1. 写清楚事情的来龙去脉。
2. 用倒叙的方式进行表达。

第十九课 人物描写 立起精神

 老顽童的故事：何必呢

老顽童是个不修边幅的人，他把全部精力都放在工作上。一天，他在去讲学的路上遇到了一位久未见面的朋友。

"老顽童，你这是去讲座吗？"朋友关切地说，"唉，初来乍到的，你这胡子拉碴的样子好像太砢碜！建议你把胡子剃了，看上去才精神气派。"

"这有什么关系，不管我有没有胡子，反正大家都不认识我。"老顽童回答道。

几年后，大家都喜欢听老顽童的讲座。有一次，朋友又遇到了老顽童去做讲座，但老顽童还是没有剃胡子。他

的朋友不厌其烦地劝告他先回去剃了胡子再来讲座。

"何必呢！"老顽童说，"不管我有没有胡子，来听讲座的人都认识我。"

故事中的智慧

同学们，读完这个故事你是不是觉得老顽童特别有趣？故事中的老顽童在无人知晓的时候不修边幅，认为剃不剃胡子无所谓。等他被听众熟识、喜欢，还是一样不修边幅，认为不需要剃胡子。他幽默风趣，以及全身心扑在工作上的特点被我们深深地记住了！

读完这个故事我们为什么会对老顽童有这样深刻、清晰的认识？这是因为这则故事在写老顽童时用了一些很好的方法，学习这些方法，可以帮助我们写好写人的作文。同学们，让我们再回到故事中去寻找写好人物的办法吧。

一、抓住人物特点

俗话说"画虎画皮难画骨"，写人同样也难于写出人的风骨。这个"骨"，就是指人物的最为主要的特点。要写好人物，单纯表现人物的外表是远远不够的，重点是要写出人物内在的"骨"——性格特点、精神品质。

不同的人物有着不同的特点，甚至同一个人物在遇到不同的事情时，也会表现出不同的特点。就像老顽童，平时给我们留下幽默风趣

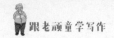

的印象。在这个故事里，老顽童倾心于工作、无暇顾及其他的工作态度，不就是最大的特点吗？

世界上没有什么东西是相同的，即使是双胞胎也有各自的特点。写人时，抓住人物与众不同、独一无二的特点来写，才能给人留下鲜明的印象，克服千人一面、印象不深的缺点。

二、选择典型事例

"人"从来都不是孤立存在的，而是处在一件件事情中的。要把人写"活"，写成"他自己"，就要把人放在事情中写，写他与别人的交往，写他富有个性的语言、动作、行为和心理活动。可以写的事情较多，要选择能够表现人物特征的事来写，可以是一件事情，也可以是几件事情。

就像这则故事，作者没有写老顽童是如何工作的，而是选择了老顽童因为工作忘记打理自己，并且毫不在意，突显老顽童热爱工作，珍惜时间。用典型的故事塑造人物形象，这是写活人物的好办法。

三、运用细节描写

同学们在写人物的作文时，写出的人物常常没有血肉，不鲜活，仿佛是个扁扁的纸人，立不起来，不能很好地突显人物的特点。这是因为写作时"一叙到底"——从头到尾只是简单地记叙事情过程，人物形象自然干瘪不鲜明。

怎样才能让人站立起来呢？这就需要抓住人物特点，尽力通过外貌、语言、动作、神态的描写，突出人物特点、个性、精神，使人物鲜活起来。

这个故事里还具体写了老顽童的语言,这些语言看似幽默随性,实际上将老顽童不修边幅的形象表现得淋漓尽致。

写人时,描绘人物的动作、语言、神态、外貌,让人物自己充分"表演",才能将人物写得活灵活现。

 有智慧的作文

康仁哲

回资中老家不能错过两件事:一是糖醋牛肉,二是看牛老头儿变戏法。

说牛老头儿,别看他老辣沉稳,实际上他才四十出头,正值壮年,精神饱满,肉重肌沉,皓齿红唇,一双乌黑的眸子如鹰隼般犀利。尤其引人注目的是那双手,手指修长,指肚滚圆,关节略微突出,转动灵活。他爱变的戏法不过是民间最普通的"开箱子"戏法。他顶一簇乌黑的扎着辫子的头发,扛着一个木箱子,上面放些道具,往土路旁一站,不用吆喝,顿时围过来一大群人,男女老少都有。接着便是看他辫子一甩,开始变戏法。

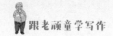

　　先要打开箱子，空无一物。然后箱子一关，口呼一声："来！"再一打开，有时是一只活鸟直冲云霄，有时又是一簇鲜花。叫你猜是啥，猜不准就给罚钱；猜准了，他保准拍屁股走人，可他又偏偏一次也没失手。

　　上一次，我眼瞅着他的手里正捣鼓着什么，忽见他膝盖一弯，箱子旁立时显出一个小洞，又见他脚轻轻一勾，脚上穿着的布鞋便进了箱中。我大喊一句："看见了！你把鞋子弄进箱中了！"大家闻声都往我这边瞧，也有人看着牛老头儿的脚，可惜他的脚已被木箱挡在后面。牛老头儿回过头来看我，眼中闪过一丝惊讶，说："你看准了？""准了！""不准得罚钱十元！"我摸摸裤兜，深吸一口气："嗯！"只听他哈哈笑几声，手一翻，打开了箱子——咦？还哪有什么鞋子？只有一堆核桃！他又把脚一抬，啊！鞋子好端端在他脚上呢！我呆呆地给了钱，退到人群外去了。

　　那只木箱的秘密，恐怕连牛老头儿的老婆都不知道呢。

　　后来，回老家的次数越来越少，不是上课就是活动，再也没看见过牛老头儿。

　　今年春节，我们一家才又回到了资中。我上街买酱油，突然看见一群孩子大叫大喊地围在街边。走近一看，啊！牛老头儿！六年过去，他那头发竟已花了，木箱子也已磨得棱角圆滑，木箱身上更是沾满污渍。我见他膝盖又一弯，那个小洞又出现了。突然，"哐"一声，那个洞的活动门松掉了！小孩子们大声嚷："看见了，看见了！你塞了朵花进去！""哈哈，漏破绽了！漏破绽了！"他确实错误得太明显了。他想解释，那讨好的笑是我从没见过的。我心里一酸，跑过去，挡在牛老头儿身前，说："错啦，错啦！他明明放了块石块进去！"在我说话时，牛老头儿用最快的速度放好了木门，把花抽了出来，又把木门关上。小孩子们不信，牛老头儿干笑两声，打开箱子，却发现里头是一本小人书，适才我并未看到他把书放进去呀！他看到我惊讶的眼神，笑了笑，轻轻瞟了瞟箱子的盖儿。幸好他还留了一手。他说："怎么样？你们猜错了吧？罚十元。"竟和我上次猜错时一样！

那个大木箱还时时浮在我眼前。我永远、永远，会把它锁进我记忆的匣子里……

老顽童来评点

这篇习作是小作者模仿冯骥才先生的《俗世奇人》所创作的。在小作者笔下，开箱人——牛老头儿"活"了起来。瞧，小作者抓住牛老头儿的手展开外形描写。聪明的你一定想到了，作为一个手艺人，牛老头的手一定是和其他人不同的。所以，根据职业特点来对人物外貌进行细节描写，小作者此举十分巧妙。变戏法是最能体现牛老头儿技艺高超的典型事例了。对牛老头儿变戏法的过程进行动作、语言的细节描写，也让我们的眼前有了一幅动态画面。

 老顽童的小练笔

　　同学们，你在校园生活中最常见到的人，莫过于老师了。写写你的老师，让你笔下的老师立起来吧！

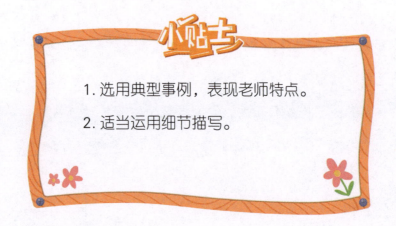

1. 选用典型事例，表现老师特点。

2. 适当运用细节描写。

第二十课 五官演戏 描绘表情

 老顽童的故事：表情的变化

　　老顽童还是一个小学生的时候，有一次上美术课，老师说："今天我们要了解一个画家，他有高超的画技。他最擅长画人物的表情，只要在画上动几笔，就能使一张笑脸变成哭脸。"

　　"难道这个画家就是我妈妈？"小顽童小声说，"我妈妈经常对我爸爸这样做。"

故事中的智慧

同学们想想看：画家修改人物的表情要从哪几方面入手呢？眉毛、眼睛、鼻子、嘴巴……高明的画家只需要动几笔，把人物上扬的眉毛、眼睛、嘴角拉下来，原本的笑脸就会变成哭脸了。

我们脸上的各种器官都能帮助我们展现表情、表现情绪。在习作中，同学们很容易忽视写表情，这是因为相对于动作、语言，表情更为细微，不易察觉。如何写好表情呢？给大家三个小锦囊：

一、让"五官演戏"，写出表情

写出表情，就要让"五虎上将"来演戏。同学们一定觉得莫名其妙，"五虎上将"不是三国时期，刘备手下的五位将军：关羽、张飞、马超、黄忠、赵云吗？哈哈，同学们，别急。这儿说的五虎上将指的是咱们脸上的五官：眉毛、眼睛、鼻子、嘴巴、耳朵。

瞧呀，高兴时眉飞色舞，生气时横眉怒目，这是眉毛在"演戏"。再看，开心时眉开眼笑，伤心时泪眼婆娑，这是眼睛在演戏。"鼻孔撩天"是高傲自大，"面红耳赤"是害羞，"咂嘴弄舌"是贪嘴，这些是鼻子、耳朵、嘴巴在演戏。

写出脸上五官的样子不就写出表情了吗？

二、抓"关键细节"，写清表情

"五官演戏"就能写出表情，可是五官怎么演戏呢？其实只要抓住五官中最能表现这种表情的关键一两处，观察其细节，写出它们的状态、样子，表情就写出来了。例如：

高兴时——嘴角上泛起一阵涟漪，眼睛笑成了一条缝，眉毛上扬。

伤心时——耷拉着眉毛，鼻子两翼一掀一掀，眼眶里充满了泪水。

紧张时——脸色灰白，双眉紧锁，紧咬嘴唇，一句话也说不出来。

愤怒时——竖起了眉毛，眼珠子瞪得像要弹出来似的。

发愣时——两眼直呆呆地向前望去，嘴巴张大得仿佛可以放进一个大鸡蛋，木头一般站在那里，一动不动。

这不就把表情写出来了吗？

可是同学们还得注意。这"五员大将"都是"戏精"，不能让它们齐出场，只要派出它们中的一两个或两三个就行了。胡子眉毛一把抓，全都上场，个个吹胡子瞪眼的，那可得乱了套！

三、写"细微变化"，写活表情

要写好人物的神态，还要仔细观察人物神态的细微变化。比如笑，原本不笑，现在笑了，那么笑的时候，脸上哪些地方发生了变化，发生了怎样的变化？让我们看看著名作家老舍先生写的笑：

每逢他遇到新朋友，或是接见属员，他的大眼会像看见个奇怪的东西似的，极明极大极傻地瞪那么一会儿，腮上的肉往下坠，然后腮上的肉慢慢往上收缩，大眼睛里一层一层地增厚笑意，最后成为个很妩媚的微笑。微笑过后，他才开口说话，舌头稍微团着些，使语声圆柔而稍带着点娇憨，显出天真可爱。这个，哪怕是个冰人儿，也会被他马上给感动过来。

作者不但写出了五官，还抓住了眼睛、腮、舌头的变化；不但写出了变化，还抓住了每处变化的细微处，一点一点分解，并写出了它们的渐变过程。写表情，善于观察五官的细微变化，并分解这些变化写下来，这样的功夫，了不起。

🎓 有智慧的作文

那一刻，我长大了

吴宇泽

那天乌云密布，天色阴沉沉的，似乎预示着有什么事情将要发生。

下午，老师把昨天考的数学试卷发了下来，我心中十分不安，小心地东张西望，希望看一下别人考得怎么样。看到同学们都考得很好，放心了许多。可拿到自己的试卷却发现是——86分！唉，心情骤然间变得和这天气一样，阴沉沉的。

放学回家后，妈妈问我："今天听说你们试卷发了，考了多少分？把试卷给我看一下。"每一次发试卷都是这"追命三连句"，之前我每一次都不怕，但这一次十分紧张，心里怕被大骂一顿，但我还是把试卷抽了出来，把它递给了妈妈。

妈妈一见到试卷上红红的两位数，脸色一下子变了，微笑在脸上凝固了，原本阳光灿烂的脸，一下子布满了阴霾。空气中弥漫着一股火药味，眼看着一场"大战"即将要拉开帷幕。

妈妈生气地说："86分，你从来没有考过这么差的分数，我就觉得最近你对学习没有那么上心了，你看你这次就只考了86分……"

"烦死了！不要说了！"我忍无可忍，毫无顾忌地对妈妈大喊一通。妈妈一下子愣住了，很快她变得很悲伤，脸色苍白，头发有些飘散，嘴唇因生气变成了酱紫色，好像立马老了许多，眼圈发红，不可思议地看了我许久，颤抖地说："我平时那么辛苦地给你做饭、洗衣……你却只考了86分，你太让我伤心了。"我的余光分明看到她的眼角噙着泪水，眼神中藏着失望，迈着沉重的步伐回了房间。

此时天空下起了雨，好似天使凌乱的泪水，我望向窗外，任由泪水在脸上流淌，心里乱极了，脑海不时浮现出这几年妈妈对我的爱、照顾我生活、给我讲题的画面。我心里有些悲痛，我好希望那一切没有发生过，这时脑海中又浮现出妈妈那张憔悴的脸，此时我的心中十分内疚难过。

那一刻，我长大了。我明白了妈妈的良苦用心，明白那些话是她望子成龙的急切，而我却不知感恩。我要用行动弥补妈妈心灵的创伤，用温暖回报妈妈对我的付出。

那一刻，我幼小的心灵一下成熟了，明白了父母为我付出了许多，我不会再让他们为我的学习伤心，因为在这一刻，我长大了！

 老顽童来评点

同学们，小作者正是通过描写表情，表现了妈妈情绪的变化。妈妈失望时，苍白的脸色，飘散的头发，颤抖的嘴唇，红红的眼圈，以及眼角噙着的眼泪，都表现出了妈妈内心的伤心、失望、委屈。小作者抓住了表情的细节、抓住了细微变化，通过写表情来表现人物的内心，十分打动人。

 老顽童的小练笔

同学们，写作文的时候，人物五官的动态可是给文章增色的重要部分。让我们回忆一下最近一次发考卷的场景，不同的同学，他们的表情一定不一样。请你选一个同学的表情，写一写。

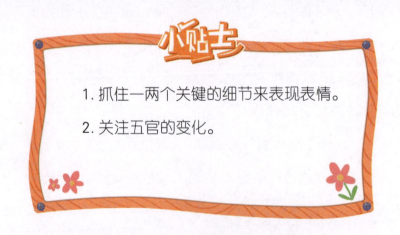

小贴士

1. 抓住一两个关键的细节来表现表情。
2. 关注五官的变化。

第二十一课 言为心声 语言描写

 老顽童的故事：猴年马月

老顽童看到一位朋友面露愁容，就上前询问："发生了什么事让你如此愁苦？"

"我将要参加一项考试，可是以我的水平，要想通过这项考试，怕是要等到猴年马月了。"朋友显得很沮丧。

"那真是要恭喜你啦。"老顽童说，"今年是羊年，明年是猴年。到了明年，你就能通过这项考试了！"

129

瞧，老顽童多会说话呀。"到了明年，你就能通过这项考试了。"这句话实际上是想告诉朋友："不要沮丧，积极面对考试。"从老顽童的话语中我们读懂了隐含的意思，更感受到老顽童幽默诙谐的性格特点。瞧，语言描写的作用很大吧。

俗话说"言为心声"，语言描写是人物描写中很重要的一种方法。成功的语言描写能恰当地表现人物的特点。

一、让人物自己说话

在平时的习作中，同学们常常不让人物说话，文中的人物都成了"哑巴"。比如下面一段话：

"那天，气温陡降，我感冒了，咳嗽声不断。同学们围过来嘘寒问暖，顿时，一股暖流涌遍全身。"

这段话是为了表现同学们对我的关心，用"嘘寒问暖"四个字概括所有同学所说的话，事情虽然讲清楚了，可是，这样写苍白无力，让人感受不到同学们的关心。我们把这段话改一改：

"咳，咳，咳……"不停的咳嗽声成了考场的噪音，我喉咙疼痛，心里更难受。好不容易挨到了下课，琪琪跑过来问："你没事吧……"

张灵玉跑过来："我去给你拿点药……"

冉新宇也跑过来："你咳得这么厉害，我陪你去医务室看看……"

同学们都围过来了。

"喝杯热水润润喉咙,好受点。"一杯热气腾腾的水放在我的课桌上。

瞧,加上人物语言,人物形象是不是更加鲜活了?读到修改后的文字,我们的头脑中仿佛看到了当时的情景,听到了当时的话语,感受到了同学们暖暖的爱,这就是语言描写的作用。写作时不能总是用叙述代替语言描写,让人物自己开口说话、自己表演,人物形象才鲜活,内容才生动。

二、语言展性格特点

人物的感情、思想,要想用文字来表现,最恰当的方法是人物自己说的话。但人物的语言不能千篇一律,人物的语言要符合这个人物的身份、职业、性格特点。来听听下面一个小故事:

秀才、县官和财主在大雪天不期而遇。财主提议,以雪为题,每人吟咏一句诗。秀才说了一句:"大雪落地似鹅毛。"戴乌纱帽的县官听后马上接了一句:"皇家瑞气降人间。"财主笑着说:"下它三年又何妨?"这时正好走过来一位穷人,一听就生气,嘟哝了一句:"放你娘的狗屁。"

你瞧,同样是"咏雪",秀才是读书人,讲究文采;县官不忘为皇帝歌功颂德;财主不缺吃穿,把下雪看作是乐事;唯独穷人,饥寒交迫,当然要埋怨、骂人。

不同身份的人因为有不同的思想感情,说的话当然就不同。俗话说,什么树上开什么花;我们说,什么人说什么话。

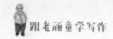

三、怎么说也很重要

有些同学写人物对话的时候，只注意写人物说的话，而不注意描写人物说话时的神态、动作，老是"我说""你说""他说"，写出来的文章干巴、乏味。一个人说话时，总要出现相应的表情与动作，把它们描写出来，不但可以加强对话的表达效果，还可以表现人物的思想与性格。

下面是一个同学的语言描写。

窗户被打坏了，开了一个篮球大的窟窿。

班主任来了，瞪着眼："谁踢坏的？"

捣蛋鬼董小天斜着眼，冷笑着："鬼知道，又没有人叫我一定要看好窗户。"

旁边的张小勇，朝老师做了鬼脸："哈……开了洞，好通风。"

谁知这却一下惹恼了站在旁边的高芳芳："是董小天，他来时，球正好滚到他身边，他就抬起脚用力一踢。"

董小天脚一跺："大白天别说梦话！你小心点，不要诬陷好人！"

"我才不瞎说呢，大家都看见的。你凭什么做了坏事还要耍嘴。"

老师说："还有谁看见的？"

"我……没看见。"李星使劲地咽了一口水，神情恍惚。

人物语言加上动作、神态就把捣蛋鬼的无事生非、张小勇的油嘴滑舌、高芳芳的正义勇敢、李星的胆小怕事，活灵活现表现出来了。

同学们，让人物自己说话，让人物自己表演，不就能帮助我们成功地塑造人物、写出有声有色的好文章来了吗？

有智慧的作文

讨价还价

王禹翰

那天，我带了30元钱去文具店买东西。没想到，一场"贸易战争"开始了。

我兴高采烈地走进文具店。哇——文具琳琅满目，有五颜六色的橡皮，形态各异的铅笔，还有大大小小的文具盒……突然，我的目光停留在一个文具盒上。它的表面是天蓝色的，上面还有一头玲珑可爱的大象。"哈哈，你马上就是我的啦！"我心里一边想，一边爱不释手地轻轻抚摸着文具盒。

"老板，这个文具盒多少钱？"我迫不及待地问道。

老板一脸堆笑地迎着我走来，摸摸我的头，对我说："这个文具盒是店里最贵、最可爱的。你看，它摸起来很柔软，图案很漂亮，给人一种温馨的感觉。"

他拿着文具盒左看看，右看看，想了想："这样吧，今天我给你来个大降价！嗯……38元！"

我吃了一惊，眼珠子瞪得老大，嘴巴张得都可以塞进一个鸡蛋，身子猛然向后一仰。

"3……38元！可是我只有30元啊！"说完，我把包里的钱给

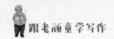

老板看。“便宜一点，30元吧！”我噘起嘴巴，眉毛皱在一起，眼睛里流露出恳求的神情。

“嗯……”老板犹豫了一下。“最少33元！”

“30元！30元！”我急得直跳。

“33元赠送你2只铅笔，行了吧？”

“不行不行！”

我几乎快绝望了，突然，灵机一动，想出了好办法。我清了清嗓子，怒气冲冲地对老板说：“你看隔壁那一家文具店，最贵的文具盒才30元！而你这家，出价出得太不合理了！”

“我不能再降了。最近顾客非常少，再这样下去，我就要亏本啦！”老板说。

“为什么顾客这么少？因为你出的价太——贵——了！”话音刚落，我转身走出了文具店。

突然，我听到了很小声，但又好像是用尽全身的力量说出来的话——“3……3……30元！”

我兴奋得手舞足蹈，老板却是垂头丧气。我得意扬扬地买下文具盒，走时还瞄了老板一眼。

这场“贸易战争”就这样结束了。

老顽童来评点

同学们，"我"和文具店老板为了一个文具盒讨价还价的小事在小作者的笔下成了一场精彩的"贸易战争"，语言描写功不可没！通过描写语言，小作者向我们展现了文具店老板生意不好做、一再让步的境况。从"我"的语言中，读者们也能感受到"我"对文具盒的喜爱以及为了得到它，与老板反复周旋的机智。老板说话时堆着笑，"我"的表情随着价格的变化而变化，这就是两个人因身份不同而产生的不同表现。这一场"唇枪舌剑"展现出两个人不同的个性，这场"战争"也因语言才精彩起来。

老顽童的小练笔

同学们，你和同学之间闹过矛盾吗？你们之间发生了什么事？小伙伴们都说了什么？事情的结果怎么样？快动笔写下来，跟我们分享吧！

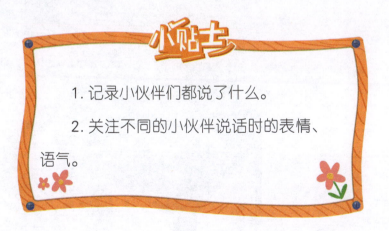

小贴士

1. 记录小伙伴们都说了什么。
2. 关注不同的小伙伴说话时的表情、语气。

第二十二课 内外兼修 心理描写

 老顽童的故事：关电视

老顽童到邻居家做客，邻居为他演奏钢琴。奈何邻居弹琴的技术实在让人不敢恭维，老顽童只能勉强自己听完一曲。

"我弹得如何？"邻居问。

老顽童回答："你应该上电视。"

邻居听了，握着老顽童的手，笑得像花一样灿烂，心想：我的技艺如此高超，已经到了可以上电视的程度了。

老顽童心想：如果你上了电视，一开始弹琴，我就把电视关掉。

故事中的智慧

故事中的邻居内心充满了喜悦，因为她以为老顽童在夸奖自己。她的这种喜悦是通过什么表现出来的——通过她的表情、她的动作、她的内心独白。老顽童不耐烦的内心状态也是由他的内心独白表现出来的。哈哈哈，读到这里，同学们是不是乐坏了？

这可真是与众不同的心理反应呀！"关电视"的这一"关"，将老顽童的心理表现得惟妙惟肖。心理描写是刻画人物的一种重要手段，但是同学们常常在自己的习作中忽略了这一方法。老顽童就和大家聊一聊描写心理活动的一些常见方法。

一、"内心独白"直接描写心理活动

这是最为常见的一种心理描写方法，直接把自己心里的想法写出来，怎么想就怎么写。但是在实际写作中，同学们常常用一些词语概括内心活动过程，比如下面的一段话：

"语文课开始了，老师把批好的试卷发了下来。在拿到试卷之前，我紧张得要命，就怕自己考砸了。"

小作者用"紧张""怕"几个词语概括了当时的心情，虽然清楚，却不具体，更谈不上生动了。把这段文字改一改，加上人物内心的想法：

语文课开始了，老师把批好的试卷发了下来。我不停地在心里念叨："阿弥陀佛，上帝啊，保佑我吧！我再也不玩手机、不看电视、不打游戏机了。唉！都怪我自己，老想着打'王者荣耀'，考试前一

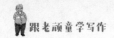

天还趁爸爸妈妈不在家，偷看了一个小时的电视。老师啊，发发慈悲，手下留情，我以后上课一定好好听讲，千万别让我不及格啊！"

瞧，加上人物内心想法，把心里的想法展开来写，是不是更加生动具体了？我们把这样的方法叫作"内心独白法"，就是让心灵自己说话，把人物心里的想法、感受、打算等，用自言自语的方式写出来。

二、"以外显内"间接表现内心活动

有时候我们还可以通过人物的动作、神态、语言，甚至身体的反应来表现人物的心理。看看下面这段文字，你能猜出文中小伙伴当时的心情吗？

"啪"的一声，老师将试卷倒扣在他的桌上。

此时王小明，失魂落魄地坐在那儿。

他犹豫不决，一次又一次地将手伸向试卷，一次又一次地触电般地缩了回去。就这么伸缩、伸缩，似乎一直都要维持下去。突然，他停下，呆呆地望着那张卷子的背面，似乎想了些什么，几秒后，他又刹那间地醒悟过来，就像睡梦中惊醒一样，他再一次地想要揭开试卷，这一次没有退回去，他已经准备好了，准备好了看他的——试卷分数。就在他瞥见试卷上那个红色数字的一刹那间，他的眼珠里似乎被一道闪电划过，他的脸色变得苍白吓人，额头上还冒着蚯蚓似的青筋。恐惧、愤怒、气馁、自卑从他脸上闪过。

读完这段话，你猜猜王小明考得怎么样？他此刻的心情又是怎样的？不用说一定是考得很差。我们从王小明看试卷时的动作、神态就能够感受到他因为考得差而满心失望。通过外部的动作、神态、语言表现内心活动，同样能入木三分。

三、"环境描写"侧面烘托心理

以不同的心情看相同的景物时，会产生不同的感受。比如杜甫所写的"感时花溅泪，恨别鸟惊心"，花哪里会流泪，鸟哪里会为别离而伤心？这分明是诗人内心悲伤的真实写照。因此，把特定感受笼罩下的景物描写下来，就能充分表现人物的心理状态。

有智慧的作文

摸黑偷"机"

王禹翰

9点钟上床，1点钟醒了，正想再次入睡。突然，一个想法在我脑子里亮了起来。

"这么宁静的夜晚，何不找点新鲜事做呢？嘿嘿……"我以0.001分贝的声音笑道。

"哈哈，当然是玩手机了！"我一边想，一边跳下舒适的床。床发出"吱呀"的声音，害我一个激灵。一阵虚惊之后，我镇定下来，心想："偷东西也要讲究方法，一靠运气，二靠偷术，三靠胆量……"

想到这儿，我不禁打了个寒战。突然，我心里又升起一股"叛逆"

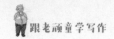

的力量。"男子汉大丈夫，偷个手机都不敢，将来是不能成大器的！"这"叛逆"的声音萦绕在耳际。

我坐在椅子上，计划好后，就开始向手机所在地——妈妈的卧室进发。我像小老鼠一般踮着脚，摸黑走到客厅的窗帘边，缓缓拉开窗帘。幽幽的月光照到妈妈卧室的门把手上。我走到卧室旁，将耳朵贴在门上。

妈妈均匀的呼吸声隐隐传来。我喜出望外，将门打开一条缝，眼睛向里瞄了瞄，确定没有异样后，才敢走进卧室。我一脚跨进卧室，另一只脚仍在客厅，一股神秘的力量把我往外拽，另一股神秘的力量把我往里拽。我顿时不知所措。脑海里闪出两个小人儿的身影。

"王禹翰，你快呀，把手机偷过来呀！"黑暗主宰说。

"不，你这样的想法是不对的，会挨揍的……"光明天使说。

"别听他的，快点偷呀，手机在手乐无穷！"

我看了看熟睡的妈妈，心想："现在手机很容易偷到，只要不弄出声音，妈妈也不会发现。而且，既然已经到了这个地步，就一不做二不休吧！"

"为手机而战！"黑暗主宰举起三叉戟叫道。

我深吸一口气，像个皮球一样滚到床头柜前，迅速将手机拿住，然后慢慢爬到门口。正要回房间，妈妈在床上翻了个身。顿时，一股凉气从脊柱升起，慢慢地向四肢蔓延，再到脑袋……我打了个激灵。我呆在原地，将近1分钟后，我再次听到了均匀的呼吸声。

140

"呼……太好了！"我迅速冲到卧室，盖上被子，拿出手机，享受着美妙时光。

在我玩得正欢时，突然外面狂风大作，雷雨交加，一道闪电突然劈了下来，妈妈出现在门口。完了完了，肯定是被发现了！我躲在被子里瑟瑟发抖，仿佛看到妈妈手里拿着鸡毛掸子，一把将我拖到客厅里，一阵暴打……我还未从幻想中回过神来，妈妈已经走到床边，伸手敲了敲我的脑门。

我惊叫道："哇！饶了我呀！"

"有什么大惊小怪的，我是你妈！"

"什……什么事？"我支支吾吾地说。

"刚才我好像听到窸窸窣窣的声音。一定是老鼠到我们家来了。还是你到我床上来睡吧，我害怕……"

"好吧。"我的语气很平静，内心却如翻江倒海一般。

老顽童来评点

小作者"偷"手机的过程让我们看得惊心动魄。同学们，相信你们也像老顽童一样替小作者捏了把汗。让我们的情绪跟着小作者的心情而起伏，感受小作者笔下鲜明的人物形象，这就是心理描写的魅力。小作者用"光明天使"和"黑暗主宰"的对话直接道出了自己的心理活动。偷偷摸摸的动作则是以外显内，间接体现他内心的恐惧与紧张。

老顽童的小练笔

　　小同学，你最害怕什么？当你害怕的时候会做什么？心里会想些什么？回忆一个让你害怕的场景，跟我们聊聊你当时的心理活动。

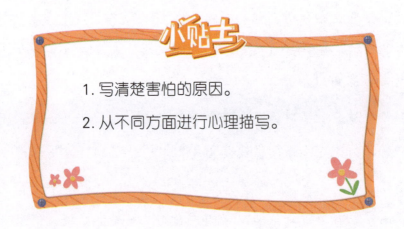

小贴士

1. 写清楚害怕的原因。

2. 从不同方面进行心理描写。

第二十三课　一箭双雕一语双关

 老顽童的故事：白葡萄

一天，老顽童和儿子在便利店闲逛，老顽童想了个谜语让儿子猜。

"上边毛，下边毛，中间一颗黑葡萄。你知道是什么吗？"老顽童问。

"是眼睛呀！"儿子轻松猜了出来。

这时，店里的一个顾客正冲着售货员发脾气，边蛮横地指责，边翻着白眼，一副耀武扬威的样子。

儿子问："爸爸，那个阿姨没有黑葡萄。"

"啊，你说得对。"老顽童看了看那个顾客的眼睛，"她只有白葡萄。"

老顽童真会说话，他说："她只有白葡萄。"聪明的同学们，你觉得老顽童是在说什么呢？哈哈，你说对了。老顽童的意思是：那位发脾气的顾客翻着白眼，她的眼里只有"白葡萄"。可是老顽童没有直截了当地说，而是这样表达，这就是使用了"一语双关"的方法。这样表达既含蓄委婉，又风趣幽默，不仅说出了顾客的眼神，还对她进行了讽刺。这就是语言的魅力！

一、一箭双雕，一语双关

南北朝时期，武将长孙晟留下了一段"一箭双雕"的佳话。写作中也有"一箭双雕"的表达方式，这就是——一语双关。一语双关就是指一个词语、句子同时含有两个意思，表面上说的是一个意思，实际上说的是另一个意思，其中实际隐含的另一个意思才是真正要表达的。比如刘禹锡的《竹枝词》：杨柳青青江水平，闻郎江上唱歌声。东边日出西边雨，道是无晴却有晴。

最后两句"东边日出西边雨，道是无晴却有晴"，就用了双关的手法。"东边日出"是"有晴"，"西边雨"是"无晴"。表面上是在问"究竟是晴还是雨"，但是"晴"和"情"谐音，"有晴""无晴"其实是"有情""无情"的意思。"道是无晴却有晴"，也就是"道是无情却有情"。它写出了少女听到情郎的歌声时，内心的迷惑、眷恋和希望的内心活动。

二、巧借谐音，风趣幽默

生活中我们常常使用双关的方法。最常见的就是利用同音的现象来达到"一语双关"的目的。比如，菜肴"霸王别姬"，就使用了谐音，"姬"与"鸡"同音，字面上指的是西楚霸王项羽与爱人虞姬生离死别的典故，实际上指的是"甲鱼烧鸡"。

歇后语里也常常用到谐音双关。例如：小葱拌豆腐——青（清）二白；飞机上吹喇叭——响（想）得高；外甥打灯笼——照舅（旧）；孔夫子搬家——净是书（输）。谐音双关在我们的生活中也处处可见，甚至形成了一种特殊的文化。例如：鱼——富裕；糕——高升；苹果——平安；枣子——早生贵子；五只蝙蝠——五福齐全……

三、双重意思，回味无穷

除了利用谐音来形成双关。我们还可以根据词语、句子在不同语言环境里具有多种意思的现象来构成双关。请看下面这则小故事：

一次，著名画家张大千与京剧表演艺术家梅兰芳一起赴宴。席间，张大千首先向梅兰芳敬酒说："梅先生，您是君子，我是小人，我先敬您一杯。"此话一出，听者愕然，大家不解意思，还以为梅兰芳和张大千有过节。梅兰芳也很诧异，笑着问："张先生有何解释？"张大千笑着答道："不是嘛，你是动口（唱）的君子"，我是动手（画）的小人。"说完，大家开怀大笑。

你瞧，张大千说的话含有好几层意思：1.你是演员，靠嗓子（动口），我是画家靠手（动手）；2.在这里，你的任务是喝酒（动口），

我的任务是斟酒（动手）。

瞧呀，双关的趣味多吧？双关的创造，需要聪明才智，这是对我们智力的挑战。同学们，相信你们在今后的写作中也会灵活地使用这种方法。

 有智慧的作文

任俊海

或许，你不相信，这世界上会有"天上掉馅饼"这种好事发生。但是在2017年的夏天，这件不可思议的事情就真的发生在我的身上。

那一天，我吃饱喝足，就到外面散散步。俗话说得好：饭后百步走，活到九十九。我悠闲地走着走着，经过一个转角，忽然看见了一间仿佛用糖果做成的小房子。我揉揉眼睛，仔细一瞧，真的是用糖果做成的：威化饼干当屋顶、巧克力片做墙砖、棒棒糖是顶梁柱……所有的建筑材料都是诱人的甜食。

我特别惊讶，绕着这间糖果屋，走了一圈又一圈，这时才发现：这间糖果屋没有门，只有窗户啊！没办法，我只好翻窗户进去了。

进到里面一瞧，所有的家具也都是用糖果做成的，惟妙惟肖，都散发着让人垂涎欲滴的甜香味。而在我的正前方——这间糖果屋的中

央，立着一根半人高的柱子，上面嵌有一颗巨大的按钮。嘿嘿，好奇心作祟，我走上前去迫不及待地按了下去。

突然，外面传来了雷鸣声。我透过窗户往外看，天上飘来了好几团像棉花糖一样的彩色云朵。接着，天上就下起了一场馅饼雨。我见状，又迅速地从糖果屋里跳了出来，张开双臂，迎接这些不同品牌、不同大小、不同口味、不同款式的美味馅饼。

这场馅饼雨好大，也下了好久，几乎下遍了全世界。从此，地球上再也没有填不饱肚子的难民，再也没有吃不起饭的穷人，更没有沿街乞讨的乞丐。大家的脸上都露出了久违的笑容，世界进入了全球无战争的和平状态……

突然，我仿佛被什么东西砸在了脑门上一般，躺倒在地。怎么回事？难道是被一个巨大的馅饼砸中了吗？倒下的我意识还有些迷迷糊糊的，但还是逼着自己飞快地坐起身来。定睛一看，咦？我怎么躺在自家的床上。

啊！原来，这一切都是一场梦啊！

虽然这只是一场梦，但梦中那全球和平的美好场景却深深地吸引着我，我渴望着人们都能过上这样不愁吃穿的幸福生活。但我也知道，天上不可能掉馅饼，想要真正过上幸福的生活，必须靠自己勤劳的双手去努力，去奋斗，去创造！

 老顽童来评点

　　这是一篇想象作文，小作者写出了许多小朋友的心愿。天上掉下了馅饼，地上就没有了饥饿，所有人都能吃饱肚子，最终世界和平。这里的馅饼是真正可以吃的馅饼。但是，天上掉馅饼只是梦里的场景。小作者也说了，天上不可能掉馅饼，幸福的生活要靠双手创造。"天上掉馅饼"，原本指的是坐享其成、不劳而获的意思。小作者在作文里巧妙地运用了俗语的两层意思，做到了一语双关，既给我们描绘了幸福生活的蓝图，又告诉了我们人生道理。同学们，相信你们也已经感受到一语双关的魅力了！

 老顽童的小练笔

　　同学们，你一定读过不少歇后语。选择一个或几个歇后语，写一篇想象作文吧！

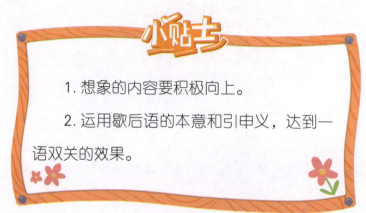

小贴士

　　1. 想象的内容要积极向上。
　　2. 运用歇后语的本意和引申义，达到一语双关的效果。

第二十四课 使用夸张 语出惊人

 老顽童的故事：大海

老顽童小时候爱和朋友比高低。

一天，朋友说："你知道地中海吗？那是我爸爸挖的。"

小顽童慢悠悠地说："你知道死海吗？那是我爸爸干掉的。"

朋友听了，不知道说什么，只好灰溜溜地走了。

📖 **故事中的智慧**

呵，这两个小家伙真是"背着喇叭上飞机——牛皮吹上了天"。谁能有那么大的本事挖出个地中海呀！可是一山更比一山高，强中更有强中手，小顽童居然说死海是他爸爸干掉的。朋友听完，只好灰溜溜地走了。为什么？小顽童用更大的牛皮"以毒攻毒"呀！同学们，这两人的牛皮靠什么吹的，不就是夸张的方法吗？如何运用好夸张的修辞方法呢，老顽童给你几个小锦囊。

一、扩大了写

把事物的特点扩大，把一般事物故意往"大、多、快、强、高、长"等处说。夸张在我们的生活中十分常见，比如成语中的：气吞山河、惊天动地、山崩地裂……诗歌中更是常常使用夸张的方法："飞流直下三千尺，疑是银河落九天。""问君能有几多愁？恰似一江春水向东流"……俗语中也常常使用扩大夸张的方法："谷子栽得稀，不够喂小鸡。""烂麻搓成绳，力量大千斤"……

找出事物的特点，故意将其往大、多、快等方面进行夸大，言过其实，让读者留下深刻的印象，这是扩大夸张的魅力。

二、缩小了写

除了把事物夸大，夸张还有一种相反的方法，故意缩小事物，把它往"小、少、慢、弱、低、短"处说。比如，我们形容事物很小，不值一提时，常常说"芝麻大点官""鸡毛蒜皮的事""巴掌大的地方""芝麻绿豆般的地位",这些都是运用了缩小夸张。

再比如:毛主席《长征·七律》诗中的这句:五岭逶迤腾细浪,乌蒙磅礴走泥丸。就是把五岭山脉看作如同细小的波浪,把乌蒙山脉视为小小的泥丸。运用缩小夸张的方法,写山脉极小而显出红军形象的高大,这样写又是对前面"万水千山只等闲"的具体描写。以小衬大,缩小了写也能写出夸张的气魄。

三、超前了写

我们还可以改变时间的顺序,在两件事中,故意把实际上后出现的事物说成先出现,这叫作超前夸张。比如:她一点胃口也没有,饭没入口,人就饱了。

广告中就有不少运用超前夸张的例子:

例1:酒未沾唇人自醉。(酒广告)

例2:有个消息连未出生的宝宝听了也会拍手鼓掌。(婴儿护理用品广告)

例1中"醉"应在酒后,这里却说未饮酒,人先醉,把后边的事情先说。例2中,懂得以拍手鼓掌来表示高兴的,应该是"儿童"了,这里却把这种感情和动作移到"胎儿"(未出生的宝宝)身上,时间上大大提前。

杜甫说:"语不惊人死不休。"同学们,在平时的写作中,我们善于运用夸张的方法,一定能写出更有新意、让人过目不忘的惊人之句。

有智慧的作文

张弛

太阳暖暖地照着我的身体，我走出单元门，走过一个阴暗潮湿的地下室，那个地方存放着我童年的美好回忆……

那天，我和几个小伙伴穿着万圣节的服装来到地下室，我们想到了一个绝妙的主意——到地下室吓人，这个地下室是我们小伙伴捉迷藏常常躲藏的地方。我们到了地下室，一人找了一个柱子躲着，等待着"猎物"的到来。

时间一分一秒地过去，终于上面传来了稚嫩的声音："一会儿我们躲下面，没人会发现我们的。"脚步声越来越近，我向同伴打了一个暗号："准备。"地下室伸手不见五指，我已经感受到了眼前这个小孩的呼吸。"啊！"我一声大叫。我的小伙伴们也都跳了出来，那两个来到地下室的小孩尖叫了一阵，"哇"地哭了出来，转身狂逃。我想如果我是他们，一定趴在地上"哇哇"大哭。我们得意扬扬地哈哈大笑起来。

就在我洋洋得意时，四周突然变得静悄悄的，笑声消失了。我心里一怔，轻轻地唤了几声同伴，可除了回荡在地下室里的回声，什么动静也没有，没有人答应！四周静得只能听见我自己的心跳！我开始有些心跳加速，呼吸也开始变得急促，脚像踩住了胶水似的，艰难地无目的地移动着。冷汗开始从我的四肢慢慢地渗透出来，我绝望地转动着我的脑袋，双手无助地胡乱挥舞，生怕真的有鬼！

突然，我看见了一个长着血盆大口的骷髅头，向我疯狂地冲来，还冲着我大声叫喊。"妈呀——"我像被施了定身术动弹不得，心脏仿佛空了一拍，不再跳动了，随后又像乱了程序的机器，一阵慌乱地跳动。正如人们说的那样："当人遇到恐惧时，先是凝固不动，然后撒腿就跑……"

我的双腿不由自主地颤抖着，手心冒出冷汗，眼前的一切似乎都凝固了，黑暗凝固了……地下室的风凝固了……那个鬼也凝固了……我脚一蹬地，转身狂奔。在地下室中，我就像一只迷失了方向的小船，在大海上疯狂地转着圈，笼罩着我的是无尽的黑暗。"砰"的一声我撞上了一个坚硬的东西，撞得我眼冒金星，但却因祸得福，我找到了地下室的出口，如黑暗中的"飞蛾"向着光明扑去……

当我看到了小伙伴们时，恍若隔世。他们正看着惊魂未定的我，一脸坏笑地"哈哈"大笑呢……我被暗算了！恍然大悟的我举起拳头，又停在了半空，我也哈哈大笑起来……

在这笑声中，充满了童年的快乐与无邪。

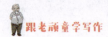

 老顽童来评点

同学们，小作者对自己恐惧心态的描写是不是也引起了你们的共鸣？除了小作者细致的感知之外，夸张的手法起了大作用。"四周静得只能听见我自己的心跳""脚像踩住了胶水似的""心脏仿佛空了一拍，不再跳动了""眼前的一切似乎都凝固了"，这些语句都将小作者的恐惧放大了，在读者看来却是那么真实而有情境感。读者被带入情境中，深深地感受到小作者当时的恐惧，可见夸张有其独特的魅力。

老顽童的小练笔

同学们，如果让你做一天童话世界里的国王，你的心情如何？你会做些什么？放飞你想象的翅膀，把你心中的宏伟蓝图跟我们说一说吧！

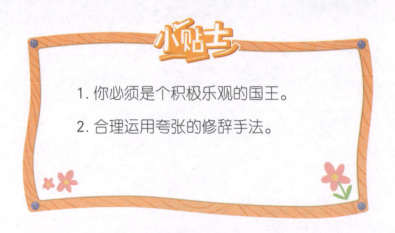

小贴士

1. 你必须是个积极乐观的国王。
2. 合理运用夸张的修辞手法。

第二十五课 巧用比喻 生动形象

 老顽童的故事：动物家庭

"谁能说说你的家人像哪个动物啊？"课堂上，老师问大家。

还是小学生的老顽童说："我爸爸像牛，我妈妈像牛。"

老师笑着问："你的意思是，你的爸爸像牛一样有力气，你的妈妈像牛一样勤劳对吗？"

"是的，老师。"小顽童回答，"至于我嘛，我比牛厉害多了。"

"为什么？"老师不解。

"因为妈妈说，我只要下定决心，九头牛都拉不回来。"

老顽童一家都像牛。爸爸像牛一样力大无穷，妈妈像牛一样勤劳奉献。小顽童这么一说，我们就能明白他爸爸妈妈的特点了。在这里，小顽童用上了比喻的方法。

比喻就是我们常说的"打比方"，用一个事物来比喻另一个事物。生活中的比喻太多了：演员叫明星，大牌演员叫天王巨星，新演员叫新星，这不都是比喻吗？

怎么才能用好比喻这种修辞方法呢？这儿有一些好方法教给大家。

一、相似准确，浅显易懂

首先喻体和本体要相似。比如，把雪花比作柳絮就好于把雪花比作精盐。因为柳絮和雪花一样洁白，同时也和雪花一般轻盈，能把雪花在空中轻轻飞扬的形象描摹出来；精盐虽然也是白色的，但是重量沉，不可以纷纷扬扬，少了形态上的相似。

同时，喻体要选大家比较熟悉的东西。世上的事物太多了，我们只对其中一小部分比较熟悉，向别人说完全陌生的东西，就可以从我们熟悉的东西里举出一样来比喻。请看下面这段话：

当你和一个美丽的姑娘坐上两个小时，你会感到好像只坐了一分钟；但要是在炽热的火炉边，哪怕只坐上一分钟，你却感到好像是坐了两个小时。这就是相对论。

震撼世界的相对论，是科学发展史上划时代的里程碑。要把这样高深的理论说清楚可不容易。爱因斯坦就运用了比喻把高深莫测的相对论通过比喻，变得十分易于理解。同学们，写好比喻，相似为王呀。

二、贴切生动，形象鲜明

比喻还要生动贴切。本体和喻体的共同点越明显，越突出，这个比喻就越生动贴切；贴切还表现在有相似的感情色彩上，运用比喻时，作者的态度是同情还是谴责，是喜悦还是憎恶，是赞美还是讽刺，本体和喻体在感情色彩上应该是一致的。例如下面一个小故事《女人像小拇指》：一位演讲家在演讲时说："男人，像大拇指。"他高高竖起大拇指。"女人，像小拇指。"话音刚落，会场哗然，女听众们强烈反对演讲家的比喻。演讲家立刻补充道："女士们，人的大拇指粗壮有力，可却生得五大三粗，而小拇指纤细苗条、灵巧可爱。不知道诸位女士之中，哪一位愿意颠倒过来？"这一来，女听众们平息了愤怒，相视而笑。

一般情况下人们用大拇指表示赞赏、夸奖、肯定，而用小拇指表示轻视、不屑，这是两种截然不同的感情色彩，所以当演讲家最初将女人比作小拇指时，女听众们会勃然大怒。可是当演说家解释女士们如小拇指一般灵巧可爱时，他对小拇指的态度是欣赏、肯定的，因此，所有的女士们又转怒为喜。

所以，比喻除了要注意本体与喻体有共同点以外，还应注意感情色彩的协调。

三、新颖独特，耳目一新

比喻一般使用熟悉的、形象的事物去比拟陌生的、抽象的事物。

新颖独特，带点"陌生化"的比喻往往更能够抓住读者的"眼球"，引发丰富的联想，甚至令人拍案叫绝。

著名作家梁实秋就特别会用比喻。你瞧，他写男士的"懒"真是入木三分：

多少男人洗脸都是专洗本部，边疆一概不理。以致耳后脖根，土壤肥沃，常常易于种麦。

作者把"脸部"比作"本部"，把脸部以外的边缘部位比作"边疆"，把脖子耳根的脏东西比作"土壤"；然后又把它脏的程度，夸大成肥沃得可以种麦子。把男人的懒和脏惟妙惟肖地展现在读者面前，使人读后觉得既好笑又好气。同学们笑完后，你有没有照照镜子，看看自己的脸干净吗？

苹果——大自然的礼物

冉冉

谈起苹果，大家并不陌生。可是你知道吗？在这个常见的水果里，其实也隐藏着巨大的秘密。它，可是大自然给我们的礼物。

我家刚买的苹果看上去真奇怪：有的扁扁胖胖，有的瘦瘦长长，还有的苹果底部不在一个平面上，不圆不方，真不知道该怎么描述。

我蹲下身子，细细端详着其中一个苹果。呵！这苹果真是奇特得很！整个身体好似被谁打得鼻青脸肿：这里凹下去一块，那里又凸出去一块，变了形。想必它对自己浑然天成的奇特身材也无可奈何吧！

再看颜色，只见这苹果披着一身以浅黄为底色的轻纱，轻纱上还点缀着星星点点的红斑。那些红斑犹如一位艺术家不小心把颜料甩到了苹果的外衣上，虽然红点十分不规则，但与黄色糅合得恰到好处，增添了一种神秘怡人的色彩。

我洗洗苹果，放到桌上，用刮刀刨下一段苹果皮，再切下一截放进嘴中。一咬，这皮软里带脆，甜蜜中夹杂着一丝丝酸味。"嗯，不错不错！"我一边嚼一边拿起苹果闻了闻。"呀！真好闻！"一股清香直钻我的鼻孔，搞得我忍不住打了个大喷嚏。此时，我整个儿大脑都沉浸在苹果的芬芳之中。

接下来，我正准备把苹果竖起来切下时，一个鬼点子在我头脑里油然而生：我何不把苹果拦腰切开呢？换种方式试试？说干就干，我把赤条条的苹果放在"手术台"上，拿起"手术刀"开始进行"手术"。我对准苹果的腰一切到底，汁水"唑"地往外涌。"咦？怎么没核？八成我切歪了？"于是，我往旁边挪了挪，用足力气切下去。"哇！苹果里还有一颗五角星呢！"只见苹果中心的籽在果肉里拼成了五角的形状。我切了一块苹果，迫不及待地放进嘴里。顿时，果肉的香与甜在我嘴里弥漫开，一直甜到我的心里。

这就是苹果里藏着的大秘密。苹果这个大自然送给我们的礼物，可谓是美味又奇妙！

 老顽童来评点

切苹果、吃苹果只是我们生活中的一件小事。在小作者的笔下，却是这么有趣。为什么有这种效果呢？比喻功不可没！描写苹果的外形，小作者的比喻真是令人感到耳目一新。有的像被揍得变了形，有的像是艺术家的杰作。之后，他把砧板比作手术台，把切苹果这件事比作做手术，多么贴切而富有趣味呀！苹果中的"五角星"利用了苹果核和五角星的相似点做比喻，让读者的眼前有了大概的画面。

 老顽童的小练笔

同学们，你的家庭成员都有谁？他们在家里都做些什么？他们的关系如何？如果把你的家庭成员当作动物或者水果，你会怎么介绍你的家庭成员呢？

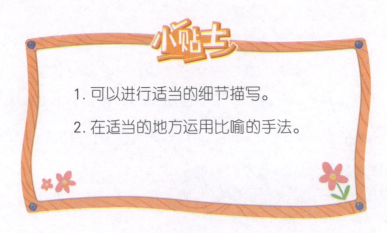

小贴士

1. 可以进行适当的细节描写。
2. 在适当的地方运用比喻的手法。

第二十六课 两相对比 鲜明突出

 老顽童的故事：吃葡萄不吐葡萄皮

老顽童小时候，他的爸爸常常逗弄他玩。

有一次，爸爸和小顽童在一起吃葡萄。小顽童每拿到一颗葡萄，都要先将葡萄皮剥干净再吃。爸爸却将葡萄连皮带肉一起吞进肚子里，不吐葡萄皮。

葡萄吃完了，爸爸的面前干干净净，什么也没有。小顽童的面前却散落着许多葡萄皮。

爸爸笑着对小顽童说："小馋猫，看到你面前的葡萄皮就知道你多馋！"

小顽童回答道："爸爸，您吃葡萄，连皮和籽都不放过，那才是真正的嘴馋吧！"

爸爸听了，一时语塞，不敢再戏弄儿子。

故事中的智慧

亲爱的小同学，你发现了吗？小顽童真是一个语言大师呀！前面的故事中他善用言外之意，使用一语双关的方法揭示问题的根本；他也很会使用夸张的语言，给别人留下深刻的印象……在这则故事中，小顽童用什么办法阻止了爸爸的逗弄？对了，他使用了对比的方法，对比方法的运用为这则故事增色不少。

小顽童对爸爸说："您吃葡萄，连皮和籽都不放过，那才是真正的嘴馋吧！"把爸爸连葡萄皮都不剩与自己还剩下葡萄皮作对比，突出了爸爸的嘴馋。

这个故事中的对比很多：爸爸用自己面前没有葡萄皮，小顽童面前有葡萄皮对比，说明儿子贪嘴；爸爸开始逗弄儿子时的自信满满与被儿子反驳后的语塞形成对比……

对比该如何使用呢?

一、不同的两物作对比

大千世界存在着各种各样的矛盾对立的事物,如:黑与白,美与丑,好和坏,先进和落后,正确和错误……我们可以充分利用这样的对立,把两种根本对立的东西放在一起进行比较,让好的显得更好,坏的显得更坏,大的显得更大,小的显得更小。使用对比的方法可以更加突出、鲜明地把我们要表达的意思表现出来。

同学们喜欢看动画片吧?动画片里是不是特别喜欢使用这样的对比手法呢?例如《猫和老鼠》中的汤姆和杰瑞:汤姆大杰瑞小;汤姆强壮杰瑞柔弱;汤姆心眼坏杰瑞心眼好;汤姆总是恶毒地想干掉杰瑞,杰瑞总是机智地躲过汤姆反败为胜。观看《猫和老鼠》动画片时,一开始我们总是因为汤姆恃强凌弱,为杰瑞捏一把冷汗,可是到最后,我们总能为杰瑞凭借聪慧机智以弱胜强而拍手称快!两者之间的强弱对比,让我们对杰瑞更加同情、喜爱,对汤姆更加讨厌。

二、同一物不同两面对比

就是把同一个事物的两个方面放在一起对比,从而把事物说得更加全面、鲜明、清楚。比如:横眉冷对千夫指,俯首甘为孺子牛。

这句话是说鲁迅先生的。它从正反两方面说明了鲁迅对待敌人和人民的鲜明态度:对待敌人他横眉怒目,不为所惧;对待劳苦的人民,他甘愿做一头无私的黄牛。这样的对比写出了鲁迅先生爱憎分明的情感。建议同学们找来六年级课文《我的伯父鲁迅先生》好好读一读,

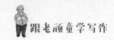

你一定会从鲁迅先生救助陌生黄包车车夫的故事，以及他在重病时还关心女佣阿三的事例中感受到这样的情怀。

三、对比事物对立鲜明

同学们，我们还应注意对比的两个事物一定是相反的、对立的，并且这样相反关系越明显、越鲜明，起到的作用越大。

电影中就常常使用这样强烈、鲜明的对比。《狮子王》中狮王"木法沙"强健勇敢，仁爱正直，睿智沉稳，而他的弟弟"刀疤"体弱丑陋，阴险冷酷，自私无情。当我们看到残酷狡猾的"刀疤"设计将"木法沙"推下悬崖时，我相信，所有的同学们心中都会激起巨大的愤怒，会为辛巴失去慈爱的父亲、为"荣耀之国"失去英明的国王而愤愤不平，甚至会流下痛心的眼泪。为什么？这就是因为如此强烈、鲜明的对比，让我们更加喜爱"木法沙"，厌恶"刀疤"！看到美好的事物被毁灭，我们心中的痛楚会更深呀！这就是语言的力量。

这样鲜明的对比很多：《蓝精灵》中格格巫与蓝精灵；《复仇者联盟》里的灭霸与超级英雄；《变形金刚》中邪恶的霸天虎和正义的汽车人；《三打白骨精》中阴险狠毒的白骨夫人与孙悟空……

同学们，当我们看到这些影视动画片里的"大反派"时，是不是气得牙痒痒，恨不得一拳打过去呢？正是这些"大反派"坏得这样鲜明，所以我们才会更加热爱主角，期待和主角一起"打妖怪"，拯救世界呀。哈哈，这也是导演运用对比手法所要起到的效果。

有智慧的作文

王俊懿

那个阿婆我见过好多次了。她似乎日日都穿着那件厚厚的长衫，因终日混迹于垃圾场内、街边角落里，衣服上斑斑点点的满是污渍。棉布长裤的一角总是皱巴巴地往上缩，露出一截干瘦的小腿，她那沟壑纵横的脸上，满是时间刻下的印记，花白的头发用一根破旧的皮筋一束，显得乱糟糟的。她时常在垃圾堆里翻找着什么，清晨的阳光打在她的脸上，反而为那满是皱纹的脸添上了几分阴影。她会在人多时停下来，对过往的行人说："早上好！"那些行人要么是装着没听见，从她身边匆匆而过；要么鄙夷地看她一眼，皱皱眉头，加快脚步；她在人群中怅然若失，又很快恢复平静。当我从她身边走过时，阿婆轻轻对我说了句："早上好！"我迟疑了一下，回报她以微笑，她一愣，回应了我更灿烂的笑。那是一种城市人所缺失的、我曾拥有现也已失去了的情愫。就这样，我们相识了。

某天夜晚，课时比平时预计结束要晚得多，街上几乎没有行人，寒风呼啸，乌云密布，我不禁裹紧了衣服，加快脚步。路灯下，一个女孩躺在长椅上，全身缩在一起，嘴里不知在嘟囔着什么。大概是哪个离家出走的叛逆孩子吧？我想。正欲往前走，我看到了一个熟悉的

身影，是阿婆！她手里拿着一大沓报纸，颤巍巍地走到那个陌生女孩的面前，把报纸盖在她身上，风很大，阿婆有些站不稳，令我担心她那瘦小的身子随时会被风吹走。风时不时地把报纸吹落在地上，阿婆就颤巍巍地走过去捡起，又颤巍巍地走回来帮那女孩盖上。她又就近拿了块砖，压住报纸，然后，满意地拍拍手，转身，逐渐远去。

望着她那逐渐远去的背影，我想，这件事虽小到微不足道，但这凡人小事的背后是一种坚定的善良，它只要有阳光、水分和土壤，就算再艰苦的环境，也能顽强地生长。这，也是在我生命中真正意义上的"第一课"。

老顽童来评点

同学们，初见这位衣衫褴褛、头发凌乱的阿婆时，你心中做何感想？当看到阿婆问候过往行人时，你的心中有何感受？再看到阿婆企图为陌生女孩保暖的举动，你是否被阿婆的善良打动？小作者在这篇文章中将阿婆的外貌与她的言行进行对比，一个生活在社会最底层的拾荒老妇人，将自己的爱传递给别人更显得难能可贵。这个拾荒阿婆高尚的品格在与她自身外貌的对比之下更加耀眼。

老顽童的小练笔

　　亲爱的小同学，还记得你一年级时的样子吗？翻翻以前的照片、作业本……再看看现在的自己，你有什么感受？你一定有许多话想说，老顽童期待你的分享！

小贴士

　　1. 将现在的你与一年级的你进行对比。

　　2. 展望未来，说说你打算从那些方面提升自己。

第二十七课 借来慧眼 审清题目

老顽童的故事：成为可能

老顽童小的时候曾经和几个小伙伴讨论人生理想。

"我长大了想当一名老师。"一个瘦瘦的男孩说。

"我想成为一名医生。"个子最高的男孩说。

"小顽童，你呢？"其中一个男孩问。

"我嘛，我想成为'不可能'。"小顽童笑着说。

"为什么呀？"

"因为我的妈妈总说我不可能成为医生、不可能成为老师、不可能成为官员……"小顽童很认真地说，"所以，我想成为'不可能'。"

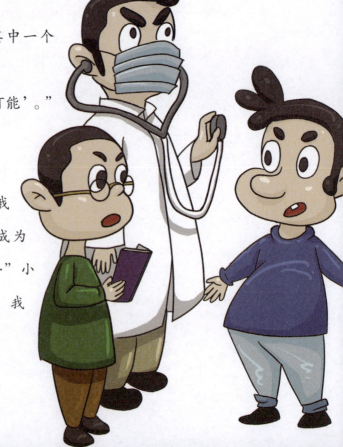

同学们在讨论长大以后从事什么职业，小顽童却说想成为"不可能"。这真是答非所问，离题万里呀。

同学们，考试的时候你有没有遇到"下笔千言"却"离题万里"的时候？哎！写得具体生动，可却被判了低分，还被扣上"偏题"的帽子，这样的滋味真不好受。"偏题"就是指写的内容和作文题目的要求差得很远。

防止"偏题"，就要做到写之前认真"审题"。无论你的写作技巧再纯熟、修辞手法再丰富、思想意义再深刻，如果跑题了，那写的作文也只能是竹篮打水——一场空！怎样才能练就一双慧眼，把这作文题目看得明明白白呢？老顽童可有锦囊要送给你，快快打开看看吧。

一、辨清题目类型，明确写作内容

作文审题首先要分清作文的类型，因为不同的作文题，命题方法是不同的。一般常见的作文题目类型有：全命题作文、半命题作文、提供"习作要求"的作文、话题作文。

审清题目类型，有利于迅速确定题目，写出符合要求的习作。全命题作文题目固定，不能自作主张改变文题；半命题作文题目需要你根据自己的需要补充完整；材料作文和话题作文，同学们就可以根据自己的想法匠心独运，自由命题。

二、分清作文体裁，确定写作对象

审题的第二步，是要审清这篇文章是什么体裁。在小学阶段，我

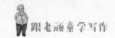
们常见的考试作文体裁主要有：记叙文、想象作文、应用文，其中以记叙文为主。

而记叙文按照写作对象的不同又可以分为记事、写人、写景、写物等类型。同学们偏题，常常就是没读懂作文要求中对写作对象的规定。

比如《我的妈妈》《我尊敬的一个人》一看就知道是写人的。又如《暑假记趣》《一次有趣的实验》一看就知道是写事情的。再如《这儿真美》《美丽的校园》肯定是写景物的。但是，有些题目，比如《上学路上》，即可写上学路上发生的事情，也可以写上学路上遇到的某个人，以及通过在他身上的事情来表现他的品质。

三、弄清写作限制，明确写作范围

在弄清体裁和写作对象后，我们还要确定写作范围，即明确题目对所记叙的事物在时间、地点、数量、内容等方面的限制。有的题目从时间方面规定了范围，如《夏天的晚上》《课间》；有的从地点方面规定了范围，如《操场一角》《在公共汽车上》；有的从内容方面规定了范围，如《学洗衣》《劳动的开端》；也有的从数量上规定了范围，如《一件小事》。

四、辨明题目题眼，分清写作重点

什么是题眼呢？

题目中的关键词语就是题眼。关键词语提示了写作的重点，找准了关键词语，也就找到了写作的重点或中心，所以找题眼是审题的关键环节。

比如题目《我最难忘的一个人》，题眼是什么？"最难忘"就是题眼，作文中要写的那个人，必须要从多方面去说明他为什么是"最难忘"的。

同学们，老顽童的锦囊你们收到了吗？今天我们了解了审题的重要性，也学习了一些常用的审题方法，相信你们能在平常的习作练习中，练就一双慧眼，明辨题意，写出自己满意的作文。

 有智慧的作文

滑 沙 的 乐 趣

彭靖婷

一路上，我快乐地哼着歌。你问我为什么这样快乐？因为——我要去宁夏银川沙湖滑沙了！

呀，到了！怀着对滑沙的强烈期待，我来到了银川沙湖。路旁的小贩向我们推销着产品：哈密瓜、西瓜、沙铲……但我忍了忍，向着最期待的目标——沙丘走去。

在滑沙地点，我的目光着了迷似地被吸引了过去——"啊——"一声声尖叫声从我耳边擦过，原本兴奋的心现在又多了一丝紧张。看着陡峭而又凹凸不平的滑沙带，我的心忐忑不安起来。

坐着观光索道我们来到了沙丘最顶端。站在沙丘上往下望，竟然莫名地恐惧起来。虽说是沙丘，可是也有几十米高，相当于十几层楼的高度。沙丘的坡度极其陡峭，滑沙的轨道几乎垂直而下。一想到自

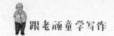

己就要从这里独自滑下去，手和腿竟然不争气地抖动起来，仿佛那腿和手已经不是我的了。"下一个上沙车！"管理员一声吼，把我惊醒。我深吸一口气，像一个即将上战场的战士一样紧张。

我坐上沙车，紧拉把手，一蹬，出发了！风从我耳边呼啸而过，恐惧与惊慌紧紧抓住我不放。尖叫声从我喉咙里一跃而出，游走在风中，随后又扑回我的耳朵，猛烈地震动着我的鼓膜。除了耳畔呼呼的风声，和自己凄厉的惨叫声，我什么也听不见了！沙车风驰电掣一般载着我飞速下滑，我的眼前一片模糊，什么也看不清了。周围的人、树、景都模糊了，变成了交织在一起的昏黄夹杂着或绿或红的线条。这些成片的线条缠绕着，旋转着，拉扯着，撕裂着，向我势不可挡地扑来，就在快要撞到我的一刹那，一晃而过。我仿佛变身成了《地心游记》里的主角，正在险峻的悬崖、逼仄的裂缝中受暴龙的追击与撕咬！

惊险的电影场面一幕幕闪过，刺耳的尖叫一阵阵响着，在惶恐不安之中，终于，"落地"了！我呆呆地愣在了那里，好半天才回过神来，一句话从牙缝里"艰难"地挤了出来："太刺激啦！"

说完，我又拖着滑沙车，直奔沙丘顶端，继续"折磨"自己。玩了几次以后，我渐渐掌握了一些技巧：怎样才能滑得更快？怎样才能让风变小？没过多久我就可以在沙丘上灵活自如地滑行了。

在生活之中不也是这样吗？遇到困难的事，不要害怕，只要敢于尝试，多去试试，反复做就能掌握窍门，让这件事情更轻松。这次滑沙不仅给我带来了欢乐，还给予我更多的收获！

老顽童来评点

　　彭同学的这篇文章中心十分明确，写出了滑沙带给自己的快乐。小作者滑沙之前满心欢喜，对滑沙这件事充满期待，无心顾及美食的诱惑，身体和心灵都直奔滑沙而去。小作者对滑沙过程展开了详细的描写，滑沙的过程中收获了刺激的快乐，又获得了关于生活的感悟。这篇记叙文按照事情发展的顺序进行叙述，围绕着滑沙的乐趣写作。可见小作者慧眼审题，在确定主题之后，明确了写作范围，突出了写作重点。

老顽童的小练笔

　　同学们，你的脑袋里一定有许多新奇的想法。请你以《我理想中的学校》为题，写出你的想法吧！

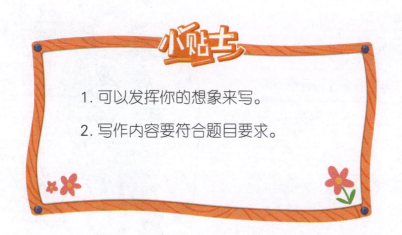

1. 可以发挥你的想象来写。

2. 写作内容要符合题目要求。

第二十八课 画龙点睛 巧取题目

老顽童的故事：响亮的名称

    老顽童还是小学生的时候，和小伙伴们分组做游戏。每个小组都给自己组起了一个名称。

    "我们组一共八个人，就叫'八仙过海'。"第一组的组长说。

    "我们组也是八个人，我们叫'白雪公主与七个骑士'。"第二组的组长说。

    轮到小顽童说话了，他大声说："我们组有一个响亮的名称，这个名称就是'轰隆'。"

哈哈哈，"轰隆"是不是像雷声一样响亮？这个名称真是太好笑了。你觉得哪个小组的名称起得最好呢？同学们，取名字可是一门艺术。文章也有名字，文章的名字就是题目，给文章取题目也是一门艺术。

我们来看看"题""目"二字。古人云："题"者，额也；"目"者，眼也。就是说"题目"犹如一篇文章的额头和眼睛。准确、简明、醒目、新颖的题目，能引人注目，发人深省，并给人以深深的启迪。毫不夸张地说，题目拟得如何，直接关系到读者的阅读兴趣。

一、好题目的特点

既然文章的题目这么重要，那么，好的题目应该是什么样子的呢？看看下面的一篇小短文：

我的妈妈心直口快，很幽默。

爸爸爱玩手机，妈妈说他把手机当"老婆"算了。

昨晚，爸爸的手机掉到床底下，他求妈妈帮忙。

"关键时候，还是求老婆啊。"妈妈说着，让我用手电筒照明，她拿一根棍子轻轻一拨，把手机找出来了。

"记住，可是我帮你找到'老婆'的哦！"

我不明白，妈妈为啥要帮这个忙？妈妈笑着说："是呀，原本不应该。干吗帮他找'老婆'呢？我应该把手机藏得更深一些！"

爸爸求饶说："老婆，不可以啊！"

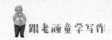

哈哈……大家笑起来。

如果让你来给这篇小短文取个题目,你会拟定什么题目呢?有同学说是《找手机》,有的说是《幽默的妈妈》……它原本的题目是——《找"老婆"》。将这个题目和同学们拟定的题目一比较,你更喜欢哪个?我想一定是《找"老婆"》吧。读到这个题目先是让人一愣,进而恍然大悟,不禁一笑。

好的题目除了"简洁""准确""巧妙",还要带点儿"俏皮",这样的题目会更吸引人,激发读者的好奇心,引发阅读的兴趣。

二、拟题目的方法

常见的拟题方法有哪些呢?老顽童给你一些小锦囊:

1. 以主要名称为题——可以用文中主要人、物的名称,地名,时间的名称为题。如我们学过的课文《小蜗牛》《项链》《司马光》《灰雀》《搭船的鸟》……

当然,可以以所写事物名称为题,有时候还可以带上一定的修饰语,表示事物的样子、数量等。比如:《总也倒不了的老屋》《富饶的西沙群岛》《美丽的小兴安岭》……

2. 以主要事件内容为题。比如:《乌鸦喝水》《比尾巴》《明天要远足》《小壁虎借尾巴》《动物王国开大会》《小蝌蚪找妈妈》等等。

3. 以文章主旨为题目:写作文时,要先确定文章所要表达的中心思想,也就是先定主题,根据主题想出一句简明的能点明主题的话来做文章的题目。比如:《我不能失信》《为中华之崛起而读书》《手术台就是阵地》等等。

同学们，让我们去语文书里找一找，看看课文都使用了哪些拟题方式。

三、拟定新颖独特标题的技巧

一个好的店名，"奇""巧""俏"，让人眼前一亮，能给商家带来红火的生意。大家都耳熟能详的著名网站"淘宝"，简短有趣，让人一看就知网站的作用功能。怎样才能让我们的题目让人过目不忘、画龙点睛呢？

下面几个方法大家可以尝试尝试。

1. 巧用修辞，吸引眼球：就是在拟题时运用比喻、拟人、夸张、谐音等修辞手法，使题目生动，有表现力、感染力。比如使用夸张：《我恨你八辈子》，使用拟人：《粉笔的自述》，使用比喻：《我渴望老师的"阳光"》。这些题目是不是特别吸睛呢？

2. 反常思维，巧设悬念：题目中把大家公认的事情反向思考，取出的题目出其不意，引人入胜。比如《郁闷的 100 分》《打架"打"出的笑声》《败了，多好》，这些题目多吸引人呀。

3. 仿造化用，推陈出新：把一些耳熟能详的专业名词植入作文题目，或化用古诗词、名作名著、歌曲名称、电影电视等。比如《不要问我特长有多少，我会告诉你很多》《"蚊"人相亲》《一千零一个愿望》。

"题好一半文"，新颖独特的文题，犹如文章的眼睛，透过它可以洞悉文章的灵魂，可以使读者耳目一新。同学们，让我们像老顽童

一样，都成为命题高手吧。

有智慧的作文

班级捉"鬼"记

张雨欣

鬼是不存在的吗？不！有一种"鬼"是存在的哟！

在我们班上就有许多这样的鬼。

周子琳，她是我们班上的胆小鬼。

有一次，她中午要值日，12点才回宿舍。这时，我们正在听舍长讲鬼故事。她一推门进来，舍长正在学鬼叫："呜——"她被吓得一屁股坐在了宿舍的地板上，放声大哭起来："哇！你们都欺负我！我要告诉班主任！呜呜呜！"

还有一次，我们在宿舍里大扫除，周子琳扫床底。忽然，从床底跳出一只小跳蛛，小得只有西瓜籽儿一般大小。可是，她却立刻发出高达八十分贝的尖叫，快速地跳上床，指着蜘蛛哭道："蜘……蜘蛛……好……好可怕……"

刘家轩，是我们班的幼稚鬼。

他很喜欢一些古怪的东西。我们到了五年级，都开始用一些造型酷酷的书包、笔袋、本子……而他不一样，只有书本和笔袋是正经一点的，笔啊，本子啊，橡皮尺子啊都是粉红色的，上面还会有粉粉的小兔子卡通装饰。你会说，这有什么呢？可是，拜托，他是男生！一个个头一米六，长得肥肥壮壮的大男生！

我最受不了的就是他"男扮女装"。一次开派对，他把蛋糕上的红色奶油涂在嘴巴上和脸上，又把蓝色的奶油涂在了眼睛的上方，画出了一个惊天地泣鬼神的"惊艳"妆容。做完了这些还不够，他翘起兰花指，用戏腔唱道："兰花指捻，红尘似水……"我差点儿把刚喝下去的奶茶给喷了出来……全班都笑疯了！

对了，你问我是谁？"天灵灵地灵灵，妖魔鬼怪都显灵。"我就是我们班上的"捉鬼师"——张雨欣！

老顽童来评点

同学们，看到《班级捉"鬼"记》这个题目，你想到了什么？有的同学会好奇：班级里怎么会有鬼呢？有的同学想知道："鬼"指的是什么？还有的同学迫切想了解捉到"鬼"没有……不论如何，我们都想赶紧读读这篇文章，找到自己想要的答案。这就是"题好一半文"，好的开头即是成功的一半。每个班级都有"鬼"，这些"鬼"有的淘气，有的可爱，有的聪明，还有的……正是因为有他们存在，我们的班级生活，才丰富多彩。

老顽童的小练笔

你还记得自己做过的梦吗？来吧，同学们！选择一个令你难忘的梦，动笔写下你梦中的情景吧！

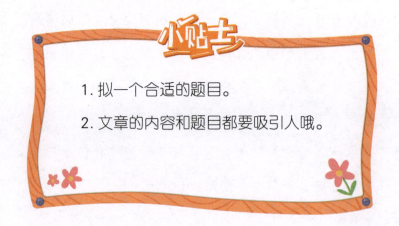

小贴士

1. 拟一个合适的题目。

2. 文章的内容和题目都要吸引人哦。

第二十九课 发挥想象 续写故事

 老顽童的故事：后来怎么样了

老顽童在电脑前打字，他想赶紧把手头的工作做完。谁知，儿子突然跑了过来，对着老顽童撒娇道："爸爸，给我讲个故事吧！"

老顽童拒绝了，因为此时他正专注于工作，无法自拔。可是儿子百般央求。老顽童看着儿子，只能开口说道："有一天，一个爸爸正在电脑前打字……"说完这句话，老顽童转头继续打字。

"后来怎么样了？"儿子追问。

"他被你缠住了，你说后来会怎么样？"老顽童耸耸肩回答道。

📖 **故事中的智慧**

　　"有一天，一个爸爸正在电脑前打字……""后来怎么样了？"老顽童没有讲出来，同学们，你能接着往下编一个故事吗？

　　接着往下编故事，叫作续写。文学史上，有很多续写的作品，最著名的要数《红楼梦》了，曹雪芹写了前 80 回，高鹗续写了后 40 回，让整部小说更加完整。续写时应该注意什么，如何续写呢？老顽童给你支几个小妙招。

　　一、阅读原文，把握一致

　　续写切忌漫无边际、信口雌黄。续写主要是靠自己的想象写成的，但是我们的想象必须在原文情节的基础上发挥，要顺着原作的思路想下去。磨刀不误砍柴工，续写前要做好准备——熟读原文。从哪些方面读懂原文呢？这就要做到故事情节烂熟于胸，人物性格透彻理解，文章中心充分把握。做到以上三点，你就真正读懂了原文。

　　比如，民间故事《猪八戒吃西瓜》，大家耳熟能详。阅读时，就应从情节、人物、中心三方面去读懂它。这个故事情节主要讲述了唐僧师徒四人在西天取经的路上，猪八戒偷吃西瓜的事；表现了他贪嘴、可笑、可爱、笨拙憨厚的人物性格；主旨上作者批评了他这种自私、嘴馋、好吃懒做的行为。在后面的续写中，我们就应该围绕中心事件——偷偷一人独享西瓜的情节不变；续写部分的人物性格特征与原文一致，即使或许猪八戒接受了帮助，性格发生了变化，也要合情合理与原文相呼应；在文章的中心上也应有关联，比如受到孙悟空的捉弄，改正自私贪嘴的毛病，或八戒为了惩罚自己，承担了去西天取经之行化斋的一切任务，学会了替他人着想。

续写前深入阅读原文、把握原文，这是写好续写的第一步。后面的续写要符合原文的发展，人物和事物要与原文保持连续性和一致性，这才是好的续写。

二、展开想象，合理推测

展开想象，就是对原文故事没有写出的情节展开合理的推想，打开思路，多角度地去想象，想象出几种情况、几种结果，然后从中加以选择。譬如，《雨中》写的是在傍晚的雨中，一位姑娘将满满的一箩筐苹果翻倒在马路上，姑娘万分焦急。课文仅仅对傍晚雨中路上的情景，以及姑娘翻倒箩筐的情景进行了描写。许多同学根据这个情节续写出了不同的文章。有的续写出人们伸出援助之手的故事，赞颂了社会的文明之风。有的根据自己的生活阅历，写出了路人的冷漠，斥责了这种做法。还有的写出了姑娘为了不堵塞交通，忍痛放弃捡拾苹果的故事。这几种故事的结局都是合理的，这样续写的文章就会内容丰富而有新意。

三、多向思维，与众不同

续写虽然要和原文保持一致，但要想续写的故事吸引人，还得"青出于蓝而胜于蓝"才行。就像著名的电影《星球大战》，连续拍到第七部，原创人员实在拍不下去了。最后，导演乔治·卢卡斯脑洞大开。他一改之前在前一部的基础上继续往下讲故事的思维方式，反向行之，居然跳到第一部前面，拍出了《星球大战——前传（原力觉醒）》。

结果这部片子大获成功，全球席卷 20 亿美元票房。转变思维的方式，大胆构思，情节与众不同，续编出来的故事更加吸引人。那么，哪些思维方式可以帮助我们续写故事呢？

1. "正因反果"。就是结果已经是好的，可是结果产生了相反的效果，产生新问题。我们以大家熟悉的童话《木偶奇遇记》为例。比如，匹诺曹不会说谎了，但诚实会不会给他制造新问题？他会不会因为不会说谎了，反而害了爸爸，导致爸爸面临另一个危险呢？

2. "老因新果"。就是虽然有了圆满的结局，匹诺曹变成了真正的小孩，可是他还是改不掉说谎的毛病，又惹出新麻烦。

其实续写并不难，同学们，还等什么，让我们试试看吧。

郑甘怡

我和陈明是好朋友。一天，我们把在手工小组做的小木船拿出来玩，陈明一不小心把我的小木船摔到了地上，争执中，陈明又把它踩坏了。我非常生气，一把夺过他的小木船，狠狠地摔到了地上，并用脚把它踩了个粉碎，头也不回地走了……

（以下为续写部分）

又过去了几天，我和陈明依然处在"冷战"阶段。每次碰见他，我都会想：这个陈明，真是讨厌，我辛辛苦苦做出来的小木船，就这么被他弄坏了。哼！于是就对他不理不睬的。他看起来也一样还在生气，同样没有和我说话。曾经形影不离、无话不谈的两个好朋友，已经整整几天没有说过一句话了。然而，我的心里其实很难受，这样的感觉，让人很不舒服。那天晚上，我实在憋不住了，就把这件事告诉了妈妈。妈妈听完后，语重心长地对我说："孩子，你要学会宽容。人家陈明的确弄坏了你的小木船，是应该道歉，这没错。可是，你也有不对的地方呀。首先，陈明弄坏小木船是无心之过，是不小心的，可你怎么能故意弄坏别人的东西呢？小木船没有了可以再做，友谊的小船可是说翻就翻的啊！你要做一个宽容的人，要包容别人的过错。他不对，但你更不对了。赶紧去向陈明道歉吧！"

妈妈的话点醒了我，我仔细一想，自己确实太过分了，竟然还好意思不理人家，脸顿时羞得通红。我急忙做了一个崭新的小木船，打算赔给陈明，向他承认自己的错误。

"陈明——"我刚一到学校，就招呼他过来，"你……你可以过来一下吗？"他看起来十分惊讶："你叫我干什么？""当当当当！"我哼起隆重登场的配乐，拿出了藏在身后的小木船。他惊喜地看着我，也从书包里掏出了一只小木船。"你怎么……""你怎么也……"我大吃一惊，笑了。随后，我们俩心领神会地相视一笑，一起到溪边把这两只小木船放入水中。

两只小木船渐渐漂远，摇摇晃晃，却不分开。我们注视着这两只小木船，默默地祝愿着我们的友谊如这两只小木船一般，紧紧相靠！

老顽童来评点

同学们，小作者续写的故事有几个特点：紧扣原文、情节发展合乎逻辑、续写的内容与前文有一致性。两个好朋友争执之后会发生什么？人物关系的发展要与原文相呼应。人物的言行与原文有一致性或连续性。"我"在和陈明争执之后，心里很难受，经过妈妈的开解，主动找陈明和好。情节的发展离不开两人发生了争执以及两人是好朋友这一前提，整个故事读起来让人觉得合情合理。加上小作者生动的叙述，续写的故事不仅合理，而且精彩。

老顽童的小练笔

开头：清晨，同学们都在教室里认真地早读。突然，晓明妈妈风风火火地来到教室，同学们都看着晓明妈妈……这后面会发生什么事情呢？请你发挥想象，把它续写下来。题目自定。

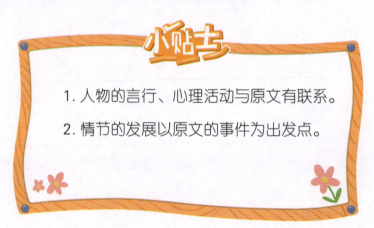

小贴士

1. 人物的言行、心理活动与原文有联系。
2. 情节的发展以原文的事件为出发点。

第三十课 修改习作 不厌百遍

 老顽童的故事：吃了一顿饭

老顽童小的时候很马虎，做数学题时不是看错了小数点，就是写漏了数字。妈妈说了他好几次，但是收效甚微。

这天放学。小顽童眼圈红红的，一副闷闷不乐的样子。

妈妈问："宝贝，你这是怎么了，谁欺负你了吗？"

"妈妈，同学们都嘲笑我是饭桶！"小顽童伤心地说。

"为什么？"妈妈吃惊地问。

"因为昨天写作文，我忘了检查修改。我把'今天，妈妈带我去吃了一顿饭'，写成了'今天，妈妈带我去吃了一吨饭'。"

难怪同学们会笑话小顽童,谁叫他写完作文不检查呢?写完文章,仔细读一读,并进行修改,是写好作文的前提。

常言道:"文章不厌百回改。""好文章是改出来的。"曹雪芹写《红楼梦》用十年时间修改,增删五次,"字字看来皆是血,十年辛苦不寻常";著名的作家托尔斯泰创作《复活》,也耗时十年,光是描写主人公玛丝洛娃出庭受审的肖像描写,短短几十个字就改了二十余次……古往今来,许多著名作家修改文章的佳话不胜枚举,我们要学习他们严肃认真的写作态度。

文章修改怎样进行?改些什么?

修改文章就是要读!写好文章后小声朗读几遍,反复在读中去检查。总的来说,修改文章要经过"通读整体审查——细读局部审检——通览把握全局"这样的过程。

修改的内容重点应从以下几个方面入手:

一、修正中心

修改文章首先应思考:文章的中心正确吗,清楚吗,集中吗?有时,哪怕只改动一个字、一个词,就会使文章的主题更深刻、立意更深远。

例如,一篇歌颂父爱的文章这样写道:"小时候,冬天上夜校,走的是山路。同学们都有从商店里买来的非常漂亮的小烛灯,唯独我没有。于是,回家后我央求父亲也去商店给我买一个。因为家里穷,父亲拿不出钱来给我买灯笼，就答应亲手给我做一个。第二天早晨，我刚起床，两眼布满血丝的父亲，就拿着连夜赶制出来的小烛灯来到我身边，满意地把它交给了我。"

父亲没有钱去商店给孩子买小烛灯，就自己动手给孩子做了一个，而且是连夜赶制，这充分体现了父亲对"我"浓浓的爱。然而，如果我们改一个词，也可以说是一个字，就可以使文章的主题更深刻。这里要改动的是"满意"这个词，改成什么呢？大家想想看，对文中这种情况，父亲满足不了孩子渴望得到从商店里买来的小烛灯的心愿，心里会是一种什么滋味呢？满意？绝对不会！对孩子，此时的父亲应该怀有一种歉疚的心情。所以，我们把"满"字改为"歉"字，把"满意"改为"歉意"，父亲的形象就会更高大，父爱就会更深沉，文章的主题也会因此而更加深刻、突出。

二、调整结构

调整结构就是改动文章的结构布局。结构的调整包括六个方面：层次、段落、开头、结尾、过渡、照应。根据中心重新审视这些地方，或推倒重来、重新组合，或做部分调整、小修小改。努力使文章的结构精巧，做到"言之有序"。

主要的方法有"删"。与主题无关，或似与中心有关但实际上会损害中心的内容，应当删除；空洞的抒情议论也应当删去；内容重复的，再好也应去除；开头离题万里或结尾画蛇添足的内容删掉。还要学会"增"。能突出或深化主题的，要增；内容单薄的，可以增加，

适当扩展；记叙文不具体的地方，可增加描写，让它更生动。

三、锤炼语言

对习作中的字、词、句、语段以及标点符号进行必要的增补、删除、改动和调整，使语言更准确、完美。锤炼语言最好的方法就是朗读，通过同学们自己的语言感觉帮助自己检查文字。

大教育家叶圣陶教自己的孩子习作，就是要求孩子们每天写一点东西，然后让孩子把当天写的文字朗读给他听。他听孩子们读，也不轻易评价，而只是说"我懂了""我不懂"。如果叶圣陶说"这是什么意思呀？我不懂"，孩子们就知道得重新遣词造句或重新组织语言，让父亲听明白。同学们，你们看，在朗读的过程中，文章的很多毛病会自己"跑出来"，改一改语言自然清楚明白了。

修改是写作中重要的一个环节，可是同学们常常忽略了它，希望今后同学们养成主动修改习作的好习惯。

有智慧的作文

原文

我变成了刘老师

卞思予

我从小就想当老师，每当我看到老师向同学们传授知识时，可羡

慕了，我的志愿是：长大了也要当一名人民教师！

一天，我醒了，站起来一看。天哪！我竟然长高了，摸摸鼻子，鼻梁上怎么架着一副眼镜？我赶忙去照了照镜子，我怎么变成刘老师了呢？我在吃惊时，妈妈提醒我已经八点了！我急忙穿好衣服，匆匆忙忙跑到学校，准备给同学们上课。

路上，我遇到了我的好朋友佳仪，正想跟她打声招呼，她连忙鞠躬。说："刘老师您好！" 我心里一惊，才想起我现在是刘老师了。

第一节课是语文课，我小心翼翼地走上讲台说："上课！""起立！"全班齐刷刷地站起来。我决定给我的"学生"们听写第八单元的生字。当我说到"名不虚传"这个词时，全班同学哈哈大笑，我觉得很奇怪，有几个同学举起手说，"老师不是名不虚传（zhuàn），是名不虚传（chuán）。" 这时我的脸涨得通红，忍不住大笑起来。

下课了，我正想休息一下，却有一大堆作业等着我批改。改到一半时，我感到眼花，背也酸，旁边的杨老师提醒我："你还没有给学生布置今天的作业呢！" 我才想起来，便急匆匆地跑向教室给"学生"们布置作业。哎，当老师太不容易了。

"思予，快起床！" 妈妈叫醒了我，奇怪地问，"你昨天晚上睡觉的时候指手画脚的，可是梦见了什么？" 我笑了笑，不回答。

修改后

我变成了刘老师

卞思予

　　我从小就想当老师，每当我看到老师向同学们传授知识时，可羡慕了，我的志愿是：长大了也要当一名人民教师！

　　一天，我醒了，站起来一看。天哪！我竟然长高了，摸摸鼻子，鼻梁上怎么架着一副眼镜？我赶忙去照了照镜子，我怎么变成刘老师了呢？我在吃惊时，妈妈提醒我已经八点了！我急忙穿好衣服，匆匆忙忙跑到学校，准备给同学们上课。

　　路上，我遇到了我的好朋友佳仪，正想跟她打声招呼，她连忙鞠躬。说："刘老师您好！" 我心里一惊，才想起我现在是刘老师了。

　　第一节是语文课，我小心翼翼地走上讲台说："上课！""起立！"全班同学齐刷刷地站起来。我决定给我的"学生"们听写第八单元的生字。当我说到"名不虚传"这个词时，全班同学哈哈大笑。**正当我一头雾水的时候**，有几个同学举起手说，"老师不是名不虚传（zhuàn），是名不虚传（chuán）。" 这时我的脸涨得通红，**只能勉强挤出尴尬的笑容**。

　　下课了，我正想休息一下，却**发现**有一大堆作业等着我批改。改到一半时，我感到眼花，背也酸，旁边的杨老师提醒我："你还没有给学生布置今天的作业呢！" 我**恍然大悟**，便急匆匆地跑向教室给"学生"们布置今天的作业。哎，当老师太不容易了。

"思予，快起床！" 妈妈叫醒了我，奇怪地问，"你昨天晚上睡觉的时候指手画脚的，可是梦见了什么？" 我笑了笑，不回答。

老顽童来评点

一字不错的文章往往产生于作者的反复阅读之后。小作者的这篇文章也是在她反复阅读之后才定稿的。老顽童发现，小作者修改的地方可不少，比如错别字、不通顺的语句……同学们，让我们对比第五段的最后一句话，"我"的笑在修改前和修改后可是大不相同。老师在课堂上读错字被学生指出来，能够坦然地哈哈大笑吗？尴尬的笑容显然更符合"我"在当时想化解窘境的心情。"我"可是第一次当老师，一切熟悉又陌生。在杨老师的提醒之后，"我"恍然大悟，急匆匆地去布置作业是不是更能体现出"我"的手忙脚乱，增加文章的波折呢？同学们，小作者修改过的文章是不是更吸引你了？

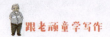

 老顽童的小练笔

同学们，你已经明白修改作文主要可以从哪几方面入手，请你选择一篇自己的作文进行美化加工吧！

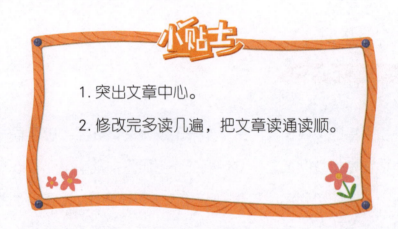

小贴士

1. 突出文章中心。

2. 修改完多读几遍，把文章读通读顺。